rowohlts monographien
begründet von Kurt Kusenberg
herausgegeben
von Klaus Schröter

Pier Paolo Pasolini

**mit Selbstzeugnissen
und Bilddokumenten
dargestellt von
Otto Schweitzer**

Rowohlt

Dieser Band wurde eigens für «rowohlts monographien» geschrieben
Den Anhang besorgte der Autor
Herausgeber: Klaus Schröter
Mitarbeit: Uwe Naumann
Assistenz: Erika Ahlers
Schlußredaktion: K. A. Eberle
Umschlagentwurf: Werner Rebhuhn
Vorderseite: Pier Paolo Pasolini, Rom 1955
Rückseite: Pier Paolo Pasolini, Ende der sechziger Jahre
Beide Fotos: Fondazione Pasolini, Rom

Veröffentlicht im Rowohlt Taschenbuch Verlag GmbH,
Reinbek bei Hamburg, Juni 1986
Copyright © 1986 by Rowohlt Taschenbuch Verlag GmbH,
Reinbek bei Hamburg
Alle Rechte an dieser Ausgabe vorbehalten
Satz Times (Linotron 202)
Gesamtherstellung Clausen & Bosse, Leck
Printed in Germany
980-ISBN 3 499 50354 9

Inhalt

Das verlorene Paradies
(Die vierziger Jahre)

Fontana di aga dal me país.
A no é aga pí fres-cia che tal me país.
Fontana de rustic amòur.[1]*
Wasserbrunnen in meinem Dorf. / Es gibt kein frischeres Wasser als in
meinem Dorf. / Brunnen ländlicher Liebe.

Mit diesem Gedicht beginnen die *Poesie a Casarsa*[2], Pasolinis erster Gedichtband, den der Zwanzigjährige 1942 in seiner Geburtsstadt Bologna
veröffentlicht. Ein Gedicht aus wenigen Worten, wie in Stein gemeißelt.
Wörter einer Sprache, die «niemand versteht», eines alten Dialekts, genauer: einer fast ausgestorbenen, vergessenen Sprache. Es läßt eine Welt
entstehen, in der die Wörter mit den Dingen noch eins sind, eine Welt
ohne Mehrdeutigkeiten und ohne Zwielicht, eine Welt des *reinen Lichts*.
Der Dichter ist eins mit dem Wasser, mit der Erde, und er drückt diese
Einheit in drei gemessenen, wesentlichen Bewegungen aus.
    Er benennt die Erinnerung (Wasserbrunnen) und nimmt sie nach einer
kurzen Pause vorsichtig in Besitz (in meinem Dorf); in der nächsten Zeile
wird dieses Gefühl zu einer ernsten, kindlich stolzen Feststellung gestei-
gert. Die dritte Zeile gibt, ernst und fast zutraulich, die Metapher des
Wassers preis, vom Brunnen der ländlichen, der reinen Liebe ist die
Rede, von der subtilen Sehnsucht nach der Einheit mit dem Wasser der
ursprünglichen Liebe, mit der Mutter.
    Oder das nächste Gedicht:

Sera imbarlumida, tal fossàl
a cres l'aga, na fèmina plena
a ciamina pal ciamp.

Jo ti recuardi, Narcìs, ti vèvis il colòur
da la sera, quand li ciampanis
a súnin di muàrt.[3]
Leuchtender Abend, im Graben / wächst das Wasser; eine schwangere
Frau / geht über das Feld // Ich erinnere mich an dich, Narziß, du hattest
die Farbe / des Abends, wenn / die Totenglocken läuten.

---

* Die hochgestellten Ziffern verweisen auf die Anmerkungen S. 138f.

Schon die ersten zwei Worte tauchen den Leser unmittelbar in eine überraschend dichte Atmosphäre, in einen Abend voller Farben und Echos. Pasolini erzielt diesen Effekt durch die reine Musikalität seines Dialekts, eine Musikalität, die wohl gerade im italienischen Ohr, in der Differenz zur gewohnten und erwarteten Sprache, besonders wirksam ist. Diese Beschwörung genauer Farbtöne und unmittelbarer Empfindungen in der Natur ist ein wesentliches Element aller Friauler Gedichte. Dieses Licht des Abends «beleuchtet» auch den Ton der nächsten Zeilen: der wachsende Fluß, ein erstes Lebenszeichen, und die schwangere Frau, das sich erschaffende und sich fortsetzende Leben, behalten ein Geheimnis, ein süßes Mysterium. Die gemessenen Schritte über beginnende Abendschatten geben ihm den Rhythmus. Die zweite Strophe nimmt diese «Farben des Abends» wieder auf, um ihnen einen scheinbar entgegengesetzten Sinn zu geben: sie werden dunkel und unheimlich, sie klingen wie der Tod. Doch die Musikalität bleibt erhalten, sie ist düster und süß zugleich. Im Gleichklang der beiden Empfindungen, Leben und Tod, entsteht die Melancholie, in die der Dichter verliebt ist. Um diese Liebe geht es im Gedicht, um seiner narzißtischen Identifikation mit der geliebten Natur willen läßt er sie, bezaubernd realistisch, entstehen.

Diese Empfindungen werden in den nächsten Gedichten immer um eine Nuance komplexer, die ursprüngliche Identität des Dichters mit der Natur bricht immer tiefer auf. Doch er bleibt der *Narziß* und die Welt sein *Spiegel*: um diese Konstellation bewegen sich, zunehmend schmerzhaft, die Friauler Gedichte. *Du bist, David*, so endet eines der nächsten Gedichte, *wie ein Stier an einem Tag im April / der an der Hand eines Knaben, der lächelt / süß in den Tod geht.*[4] Die Welt bleibt unhistorisch, bleibt Natur, Narziß wird sich seiner Distanz, die er immer wieder in der Spiegelmetapher reflektiert, zwar zunehmend bewußt, er kann aber sein Subjektwerden nie ganz bejahen. Je mehr er Subjekt wird, desto mehr fühlt er seinen Tod, desto verzweifelter ersehnt er seinen Mythos Friaul.

Pasolinis *zehn Friauler Jahre*, die er mit 27 Jahren abrupt und unwiderruflich beendet, erscheinen wie eine Miniatur seines gesamten Lebens, in der er alle Motive seiner Arbeit und seiner Erfahrungen, mitgerissen wie in einem Traum und doch höchst bewußt, durchlebt. Traumhaft ist sowohl die Sicherheit, mit der er schon in frühen Jahren seinen Stil findet, den Stil in der Kunst und den Stil im Leben, und traumähnlich ist auch die Unausweichlichkeit, mit der er die Gewalt der Gesellschaft auf sich zieht.

Wie ein Omen klingt heute das Wort «Skandal», das schon in der ersten kleinen Rezension[5] seines ersten kleinen Gedichtbandes steht. Das prophetische Wort überrascht um so mehr, als in diesen Gedichten nichts Skandalöses in dem Sinne vorkommt, den man später mit Pasolini verbindet: weder sexuell noch politisch. Das Wort Skandal bezieht sich auch nicht darauf, daß schon diese erste Rezension ein Opfer der Zensur wurde und im Ausland veröffentlicht werden mußte, in einer Tessiner

Tageszeitung. Zur Überraschung Pasolinis waren Dialekt und regionale Kultur im faschistischen Italien nicht erwünscht. Der Skandal bestand für den Rezensenten darin, daß hier Dialektgedichte, oder Gedichte in einer «niederen» Sprache, plötzlich auf höchstem Niveau den Anschluß an die europäische Moderne finden, von der das Italien Mussolinis mehr oder weniger abgeschnitten war. Warum wählte Pasolini den friaulischen Dialekt für seine gar nicht so «mundartlichen» Gedichte? Er hatte vorher ja schon italienische Gedichte geschrieben, er wohnte ja noch in Bologna und kam nur in den Sommerferien in seine Wahlheimat, ins mütterliche Casarsa. Es waren in erster Linie ästhetische, künstlerische Gründe, das Gespür, nur mit diesen Worten das sagen zu können, was er ausdrücken wollte – auch wenn er dazu anfangs manchmal zum Wörterbuch greifen mußte.

Pasolini wurde in Bologna geboren, 1922 am 5. März. Sein Vater Carlo Alberto Pasolini war Heeresoffizier, er stammte aus einer reichen Adelsfamilie in Ravenna und war nach dem Tod seines Vaters bei seiner Mutter aufgewachsen. Das geerbte Familienvermögen brachte er in wenigen Jahren durch, man spricht von Frauengeschichten und von Spielleidenschaft. Pier Paolo Pasolini beschreibt ihn als *leidenschaftlich, sinnlich, schön*, aber auch als *desorientiert*, als *gewalttätig, besitzergreifend, tyrannisch*.[6] Als dieser Mann, der *stolz auf die adlige Abstammung*[7] war, verarmte, *verschrieb er sich der Ordnung*, wurde unter Mussolini Soldat und überzeugter Faschist.

Pasolinis Mutter, Susanna Colussi, stammte aus dem Städtchen Casarsa im Friaul, aus einer alten Bauernfamilie. Casarsa ist voller Colussi, Susannas Familie war eine der angesehensten im Ort. Die Familie hatte neben der Landwirtschaft noch eine Schnapsbrennerei betrieben, die einigen Wohlstand erlaubte. (Als Pasolini in den Sommerferien nach Casarsa kam, fiel die Brennerei allerdings schon der Wirtschaftskrise zum Opfer.) Das Haus der Colussi war voller Leben; Susanna hatte mehrere Geschwister, eine Schwester war Volksschullehrerin wie sie; alle waren aufgeweckt und unternehmungslustig. Susanna war zierlich, hübsch, etwas verträumter als ihre Geschwister. Das Haus der Colussi steht noch, ein typisches Bauernhaus dieser Gegend; auch der kleine Anbau steht noch, der für Pasolinis *Akademie der friaulischen Sprache* von seinem Vater errichtet wurde.

Die Ehe von Pasolinis Eltern war nicht glücklich. Der Offiziersanwärter hatte die eigenwillige und verträumte Susanna kurz vor dem Ersten Weltkrieg kennengelernt und sie nach dem Krieg geheiratet, mehr oder weniger mit Gewalt: die alten Sittengesetze waren damals noch gültig. Diese Gewalt, aus der später Feindseligkeit entstand, blieb für ihre Beziehung bestimmend. Susanna wies ihren Mann ab, er verließ oft wochenlang seine Familie, hatte andere Frauen. Seine enttäuschte Zuneigung zu ihr nahm immer mehr die Form von endlosen Streitereien an. Pier Paolo

Der Vater Carlo Alberto Pasolini

litt heftig darunter, mehr als sein Bruder Guido, der, wie er sagte, ein *normaler Junge* war. Für ihn hingegen war dieser Konflikt der Eltern eine *wahre Tragödie*, und ein neurotischer Todeswunsch begleitete diese Jahre seiner Kindheit. Er sah in seiner Mutter das Opfer, und er identifizierte sich mit ihr in dieser Rolle. Darin lag sicher ein Element der *ausschließlichen* Liebe, die Pasolini sein Leben lang mit seiner Mutter verband.

Der Beruf seines Vaters machte aus ihm *vom zartesten Alter an einen Nomaden. Ich wechselte von einem Lager zum andern, ich hatte keinen festen Herd. Kaum in Bologna geboren, zogen wir schon nach Parma. Danach nach Conegliano, nach Belluno, nach Sacile, Idrea, Cremona und andere norditalienische Städte.*[8] Pasolini mußte ständig Schule und

Freunde wechseln, schon als Kind allein mit dem Zug in die nächste Stadt zur Schule fahren. Er war ein sehr guter Schüler, es freute ihn vor allem für seine Mutter, wenn er jedes Jahr mit dem Abzeichen des Klassenbesten nach Hause kommen konnte. Seine Mutter schrieb für ihn kleine Gedichte; mit sieben Jahren schrieb auch er ihr eines, sein erstes. Seitdem hat er geschrieben, wurde Schreiben seine große Leidenschaft. *Ich war ein Poet von sieben Jahren – wie Rimbaud – aber nur im Leben.*[9] Seine Mutter war für dieses – im Rückblick – *poetische Leben* verantwortlich, aber auch für sein frühestes Selbstbild, ein Dichter zu sein (*Für sie war ich ein Poet*[10]). *Es war meine Mutter, die mir beigebracht hat, wie man Gedichte wirklich selber schreibt, nicht nur liest.*[11] Sie las ihm auch viel vor, erfüllte ihn mit ihren bäuerlichen religiösen Werten. *Ihre Diskretion und Weichheit, ihre physische Gegenwart*[12] erfüllte seine ganze Kindheit, sein

Die Mutter Susanna Colussi

Pier Paolo mit seinem Bruder Guido

ganzes Leben. In immer neuen Metaphern wird Pasolini diese *ausschließ-liche Nähe* zu seiner Mutter beschrieben, deren inzestuöser Charakter und dessen Auswirkung auf sein Leben ihm voll bewußt waren.

Du bist die einzige auf der Welt, die von meinem Herzen weiß
Was immer gewesen ist, vor jeder anderen Liebe.
Deshalb muß ich Dir sagen, was grausam ist zu wissen:
Es ist Deine Gnade, in der meine Angst entsteht.
Du bist unersetzbar: Deshalb ist das Leben,
Das Du mir gegeben hast, verdammt zur Einsamkeit.
Und ich will nicht allein sein. Ich habe einen unendlichen Hunger
Nach Liebe, nach der Liebe von Körpern ohne Seele.
Denn die Seele ist in Dir, bist Du, aber Du
Bist meine Mutter und Deine Liebe ist meine Sklaverei.[13]

Die Leute im Friaul konnten nicht glauben, daß die beiden Mutter und Sohn sind, die da jeden Tag Arm in Arm lange Spaziergänge über die Felder machten. Bei Bauern kannte man so etwas nicht. Pasolinis Familie

12

gehörte dem Kleinbürgertum an. Er hat diese Herkunft immer betont, so
sehr er diese Klasse – wie alles Bürgerliche – auch haßte. Vor allem sein
Vater repräsentierte diese Klasse, und er glaubte, daß sich sein Verhältnis
zum Vater später auf die Gesellschaft ausdehnte, auf alle Symbole der
Autorität, und sich zu einem *mythischen Haß gegen die Bourgeoisie* ver-
dichtete. Dagegen verband er sich mit dem Mütterlichen: Mutter gleich
Volk, Mutter gleich Sprache. Daß sein Verhältnis zum Vater so eindeutig
nicht war, daß es eher ein ständiger Konflikt war, erkannte er erst sehr
spät.

*Wir waren große Feinde, aber die Feindschaft war Teil unseres Schick-
sals, war außerhalb von uns.*[14] In den ersten Jahren, so erinnert er sich –

*Pier Paolo
mit seiner Mutter*

und er konnte seine Erinnerung genau datieren, da sich mit den wechselnden Wohnorten wechselnde Jahreszahlen verbanden –, gab es für ihn nur den Vater, war sein Vater die alles bestimmende Gestalt. Nach der Geburt seines Bruders bekam Pasolini ein nervöses Augenleiden. Um dem sich wehrenden Kind die Augentropfen geben zu können, mußte sein Vater ihn auf dem Tisch festhalten. Das Kind empfand diese Gewaltanwendung als einen *symbolischen Akt*[15], der ihm den Vater zum Feind machte. Das Ende der Zuneigung zu seinem Vater nannte Pasolini *tragisch*[16], es gab dafür keinen wirklichen Ersatz. Dabei liebte ihn sein Vater «abgöttisch», war auf seine traditionelle Weise stolz auf seinen Sohn. *Er hat alle seine Hoffnung in mich gesetzt, auf meine literarische Karriere, schon seit ich klein war.*[17] Er sprach immer davon, daß er aus ihm einen Dichter machen wollte, einen Dichter wie seinen (des Vaters) Bruder, der mit zwanzig Jahren ertrunken war. Pasolini wurde zwar ein Dichter, aber ein Dichter gegen seinen Vater: kein Dichter, wie ein faschistischer Offizier ihn sich vorstellte.

Enzo Siciliano interpretiert das Schreiben Pasolinis sogar als ein Anschreiben gegen den Verlust der Liebe des Vaters, als eine Suche nach dem «Licht der Sprache» gegen diesen Schatten.

Dieser auch schmerzlichen Kindheit weinte Pasolini lange nach, sie war für ihn die *heroische Zeit*[18] seines Lebens. Litt er als Kind unter seiner starken Einbildungskraft und Angst, unter eingebildeten Krankheiten und unerbittlichen Launen, so war er, als er größer wurde, als Jugendlicher, ausgesprochen unternehmungslustig und vital. Auch als er in Bologna sein Studium begann und seine kulturellen Interessen und seine künstlerischen Aktivitäten immer vielfältiger wurden, hatte er immer Zeit für alle Unternehmungen seiner Freunde. Pasolini war ein guter Sportler; er erfand überall Anlässe zu kleinen Wettkämpfen, er freute sich an seinem starken und geübten Körper.

An der Universität studierte er bei Roberto Longhi die alten venezianischen Meister der Renaissance und des Manierismus. Masaccio und Pontormo waren seine Lieblingsmaler; die Abschlußarbeit schrieb er über einen Modernen, über Morandi. Das Manuskript hat er dann bei einer abenteuerlichen und lebensgefährlichen Flucht vor den Deutschen verloren, in der Nähe von Pisa, wo er gerade eine Woche vorher zum Kriegsdienst eingezogen worden war.

Die Dichtung, das Schreiben, war in diesen Universitätsjahren der Mittelpunkt seines Lebens. Seine engsten Freunde, die auch Dichter werden wollten wie er, akzeptierten seine «Führungsrolle». Sie bildeten einen verschworenen Kreis. Mit diesen Freunden – es waren Francesco Leonetti, Roberto Roversi, Luciano Serra, Achille Ardigò und einige andere, heute alle angesehene Dichter und Schriftsteller – gründete er seine erste Literaturzeitschrift, die *Eredi* [Die Erben] heißen sollte. Die Veröffentlichung scheiterte zuletzt an einem faschistischen Gesetz – allerdings nicht

an der Zensur, sondern an Mussolinis Papierspargesetz. Pasolini ermunterte seine niedergeschlagenen Freunde: *Es ist nicht so schlimm, wenn die Zeitschrift erst zu einem unbestimmten oder sehr fernen Datum erscheinen wird; wir werden dann besser vorbereitet, ernster, reifer sein ... unsere Persönlichkeit wird mindestens 15mal entwickelter sein.*[19]

Pasolinis Gruppe war nicht antifaschistisch, es ging ihnen nur um eine neue Literatur, um eine erneuerte Kultur, aber nicht um Politik. Sie waren unter Mussolini aufgewachsen, sein Regime empfanden sie als etwas Gegebenes, über das sie nicht weiter nachdachten, an dem sie nur die kulturelle Provinzialität störte. Die Politik sollten sie erst später entdecken.[20]

Die Begeisterung und Entschlußkraft Pasolinis ließ die Gruppe nicht auseinanderfallen; die endlosen Gespräche beim Wein in den Trattorie von Bologna, die endlosen nächtlichen Spaziergänge, auf denen sie von ihrer Zukunft als Dichter träumten, gingen weiter. Das nächste, größer angelegte Projekt hatte Erfolg: die Zeitschrift hieß *Il setaccio*[21] [Das Sieb],

15

Das Städtchen Casarsa zur Zeit von Pasolinis Kindheit

ein Forum aller Talente im Umkreis der Universität. Pasolini war Redakteur und jedesmal mit mehreren Beiträgen vertreten, kulturpolitische Artikel und Besprechungen neuer Lyrik, in denen er vor allem seine eigenen poetischen Absichten reflektierte. (*Das Wort bekommt einen absoluten Wert, das Wort verstanden als Kern einer materiell isolierten Stille, beladen mit verschwiegenen Gehalten, dramatisch entblößt und wieder jungfräulich gemacht.*[22]) Eine Zeichnung Pasolinis bildete auch das erste Titelblatt, viele andere wurden in den nächsten Heften veröffentlicht.

Pasolinis «physisches Leben», wie sein Freund Serra schreibt, fand jedoch in Casarsa im Friaul statt. Seit seiner Kindheit verbrachte Pasolini jeden Sommer in Casarsa, im Haus der Familie seiner Mutter. Casarsa war bei allem Umherziehen sein einziger *fester Herd*. Diese Landschaft *diesseits des Wassers*, des Flusses Tagliamento, wurde seine Heimat, oder besser: seine Phantasie, sein begeistertes Leben mit den einfachen Menschen dort hat sie zu seiner Heimat erschaffen, er kam dort «zur Welt».

Auch während seiner Universitätsjahre blieb er den Sommer über in Casarsa. Seinen Dichterfreunden blieb er durch unermüdliches Briefeschreiben nahe. Diese Briefe, oft poetische Skizzen, eindringliche Landschafts- und Erlebnisbeschreibungen, sind aufschlußreich über den Dichter Pasolini. Er beschwor ihre Freundschaft, ihre Nähe, und er beschwor die Poesie seines archaischen Friaul. Er lebte zwischen der Welt der Literatur und der Welt der Bauern, und er lebte zugleich in beiden Welten voll und ganz. Er erlebte diese bäuerliche Welt gleichzeitig «heroisch» und «literarisch»; er ging ganz in ihr auf und erlebte sie doch aus der Perspektive der Kunst, in die er sie verwandeln wird, oder aus der zurückblickenden Perspektive seines zukünftigen Lebens. (*Schon unsere unmittelbare Vergangenheit ist eine Erinnerung ... die alle Anzeichen einer zukünftigen, sehr schmerzhaften Nostalgie hat ... Ich habe nichts anderes gedacht, nur das: Wenn ich in zwanzig Jahren sagen werde, daß ich sie gleich nach der Geburt gesehen habe ... das Militärlager war eine Hölle: ich lebte es für die Erinnerung.* [23]) Es ist ein ständiger autobiographischer Blick auf sein aktuelles Erleben – und die Autobiographie ist die Autobiographie seiner Kunst, die Summe der Gedichte, die er schreiben wird. Trotz dieses Blicks auf das Leben als etwas Vergangenem, etwas Totem, hat man nie das Gefühl einer Distanz zu den Dingen des Lebens. Im Gegenteil: man spürt immer die Intensität, die existentielle Verstrickung seines ganzen Gefühls auch bei den kleinsten Ereignissen. Der literarische Brief an seine Freunde in Bologna scheint ihm nicht weniger wichtig zu sein als sein Glück beim Schwimmen mit den Bauernjungen im Tagliamento, oder: die Literatur, die Kunst ist für seine Freude am Erleben unabdingbar.

Friaulische Bauern auf einem Foto aus Pasolinis Familienalbum

Diese Einheit von Kunst und Leben ist Teil von Pasolinis «Dekadenz», seiner dekadenten Sehnsucht nach dem «Volk». Später wird er schreiben: *Entweder unsterblich sein und unausgedrückt, oder sich ausdrücken und sterben.*[24] Jetzt aber glaubt er noch an die Möglichkeit dieser Einheit; zumindest diese Briefe leben von diesem Glauben ebenso wie die Gedichte und die Erzählungen aus dieser Zeit. Er hoffte, *die untergründige Angst, ein düsteres Fühlen, daß er nie an den Mittelpunkt jenes Lebens gelangen konnte, das sich im Innern der Dörfer abspielte und das so schmerzlich und beneidenswert zugleich war*[25], noch zu überwinden. Durch sein tägliches Leben inmitten dieser einfachen Leute und ihrer Landschaft erschuf er seine Archetypen dieser archaischen Welt und brachte sie in wahrem Bekenntnisdrang zu Papier: die *vorgeschichtlichen* Bauern und ihre vorgeschichtliche Sprache, die «unschuldigen» und *barbarischen* Jungen, die sonntäglichen Tanzfeste im Freien, die Radtouren zum Schwimmen im Tagliamento, die verborgene Erotik der Spiele mit den Bauernjungen, die schmerzliche Liebe zur Mutter, der Krieg, die Partisanen, der *heilige* Dichter.

Immer wieder ist auch von Mädchen die Rede, von Freundinnen, in einem stoischen Ton, als hätte er damit einer Anforderung des Lebens Genüge getan. (*Jeden Abend küsse ich sie und raube ihr den Atem, und sie verlangt als Gegenleistung nicht mehr, als daß ich sie erheitere.*[26]) Aber ein Thema fehlt: die Homosexualität. Dieses Bekenntnis behält er seinen (noch geheimen) Gedichten, Romanen und Tagebüchern vor. Hier ist die Homosexualität allgegenwärtig, ihr seltenes Glück und das alles überschattende Leiden dieser immer gegenwärtigen Obsession.

1943 zieht Pasolini mit seiner Mutter und seinem Bruder ganz nach Casarsa um. Die Stadt Bologna ist im Krieg zu gefährlich geworden. Sein Vater ist als Offizier selbstverständlich in der Armee, er ist in Afrika. Sie wohnen im Bauernhaus der Familie von Pasolinis Mutter. Für Pasolini wird es ein glückliches Jahr. Er hat keine Verpflichtungen, er kann sich ganz seiner geliebten Landschaft, seinem geliebten Friaul hingeben. Er vertieft seine Freundschaft mit seinem einige Jahre jüngeren Cousin Nico Naldini, der ihn schon von den Sommerferien her kennt. Früher konnte der kleine Nico das Treiben seines bewunderten Cousins Pier Paolo nur mit dem gehörigen Abstand, aber gespannt und eifersüchtig verfolgen. Zu Beginn jeden Sommers erwartete er die Pasolini am Bahnhof von Casarsa. Er bekam die abgelegten Sachen Pasolinis, auch einige Bücher – aber dann mußte er jeden Tag bis in die Nachmittagsstunden auf Pier Paolo warten: den Vormittag verbrachte dieser in seinem großen abgelegenen Zimmer und schrieb. (*Im Haus meiner Großmutter gibt es eine sogenannte Kammer, die vom Rest des Hauses getrennt ist … Dort bin ich allein, in Gesellschaft des Geschreis der Gänse. Ich ließ mir ein Bett, einen Tisch und Stühle hereinbringen und meine Bücher: die Dachkammer des ländlichen*

Die Radtouren durchs Friaul

Mit seinen Freunden am Meer

Bohèmien. [27]) Er beschrieb ganze Kisten voll alten Geschäftspapiers mit Gedichten, Tagebuchaufzeichnungen, Romanfragmenten, Übersetzungen. Erst wenn Pasolini auf den Balkon trat und seinen Cousin rief, konnte dieser in sein «Studio» eintreten. Pier Paolo hatte sich aber schon wieder an den Schreibtisch gesetzt, wo er das Schreiben durch rhythmisches Murmeln und gleichzeitiges Klopfen mit den Fingern auf den Tisch unterbrach: elf Silben, sieben Silben. Dann kam endlich die erwartete Frage: Gehst du mit mir schwimmen? Sie fuhren mit den Fahrrädern zum Dorfplatz, wo schon die anderen Jungen auf sie warteten, und dann ging's gemeinsam zum Tagliamento, in dessen großem, weiß leuchtenden Flußbett sich immer wieder auch größere Teiche bildeten. Diese täglichen Ausflüge, das Glück, das Pasolini inmitten dieser unbefangenen und unschuldigen Bauernjungen empfand, hat er unzählige Male beschrieben. Diese Beschreibungen sind manchmal versteckte, oft sehr offene Konfessionen seiner quälenden Leidenschaft, seiner Homosexualität. Diese Spiele mit den Dorfjungen, beim Baden, beim Fußballspielen, auf den Dorffesten, linderten etwas seine verzehrende Sehnsucht, unter der er besonders in den Friauler Jahren, als seine Homosexualität noch geheim war, ständig litt. In seinen Tagebüchern aus diesen Jahren datiert er seine erste Entdeckung der Homosexualität auf die Zeit in Belluno, wo er drei Jahre alt war. Die Kniekehlen der spielenden Jungen erzeugten in ihm ein

Giacomo Leopardi.
Gemälde von
Domenico Morelli

*Torquato Tasso.
Gemälde von
Alessandro Allori*

nie gekanntes Herzklopfen, ein Gefühl des *unerreichbaren Lebens*[28], der gewaltigen Sinnlichkeit, der Körperlichkeit. Mit den Jahren wurde diese Leidenschaft konkreter, Pasolini begriff sie als «Andersartigkeit», als Schuld. In Casarsa entfernte er sich jeden Abend von seinen Freunden, begann seine heimlichen Fahrradtouren bis tief in die Nacht. Er fuhr über die Landstraßen und Feldwege des nächtlichen Friaul auf einer unbestimmten und zwanghaften Suche, voller Verstörung und Angst. Die Angst steigerte sich zum Trauma, als er von einer Frau beobachtet wurde, wie er einen Jungen ansprach, der dann flüchtete und dieser Frau erzählte, was vorgefallen war. Diese schrie und beschimpfte ihn, und Pasolini wartete nun jeden Tag ängstlich darauf, daß sie ihn anzeigen würde. *Was mich am meisten erstarren ließ, war die Scham, die ich vor meiner Mutter und meinem Bruder empfunden hätte.*[29] Aber er kann von diesen langen heimlichen Radtouren in die umliegenden Dörfer nicht lassen. *Ich scheute mich nicht, jede Schande zu riskieren, jeden Schritt zu versuchen, nur um einen dieser Jungen, die mich auf ihren Fahrrädern erbarmungslos ignorierten, anzuhalten.*[30] Pasolini war mit 21 Jahren noch «jungfräulich». *Die Liebeserfahrung entglitt mir mit einer wie absichtsvollen Zielstrebigkeit und Präzision.*

Als das Kriegsgeschehen immer bedrohlicher und näher an Casarsa herankam und man nicht mehr zum Tagliamento fahren konnte, wichen die Jungen zu anderen, versteckteren Tümpeln aus. Pasolini fuhr jeden Nachmittag in froher Erwartung dorthin, und bis die Bauern von der Arbeit auf den Feldern kamen, las er unter den Bäumen seine geliebten Dichter. Es waren Leopardi, Tasso, Tommaseo, Ungaretti, Montale und vor allem die «Gesänge des griechischen Volkes». Er verliebte sich in einen Jungen, den er schon damals mit den Attributen beschrieb, die ihn später bei den römischen *ragazzi di vita* anziehen werden. Er war *gewalttätig, grob, stumm, aus einer seit Generationen plebejischen Familie* und *von der Dumpfheit eines Tieres.*[31] Obwohl Pasolini von ihm nicht eines Blickes gewürdigt wurde, wartete er jeden Tag sehnsuchtsvoll auf ihn, half ihm das Gras für die Kaninchen zu sammeln, wollte ihn nach Hause begleiten. Eines Abends nun *war der Bann gebrochen: auch für mich wurde dieses Wunder wahr, das mir für immer verwehrt zu sein schien*[32].

Zusammen mit seinem jungen Cousin vertiefte Pasolini seine Entdeckungen des Friaul. Er durchstreifte mit ihm die Gegend, hörte auf die von Dorf zu Dorf unterschiedlichen Dialekte, lernte diese *reine Sprache* nun ganz, lernte die Landschaften und das Leben der Bauern besser kennen. Die beiden trieben eine begeisterte «philologische Feldforschung», eine «Archäologie der Bauernkultur». Täglich schrieb Pasolini die Farben, Töne, Erlebnisse des Tages auf. In einem alten Bauernhaus in Versuta fragte er die Bäuerin, ob er ein Zimmer mieten könne und zog dann, mit einigen Büchern auf einem Handkarren, in dieses Nachbardorf. An einem alten Kirchlein entdeckten sie Spuren von Fresken an den Innen- und Außenwänden. Ein Maler erklärte ihnen, wie man durch Abreiben von Zwiebeln die Übermalungen abtragen kann. Zum Vorschein kamen Heiligenbilder eines Schülers von Giotto, der ja dort in der Nähe gelebt hatte. Pasolini begann schon mit den Zeichnungen für ein Kirchlein, das sie zum Gedenken an die frühchristlichen Märtyrer erbauen wollten. In den Kirchen erlebte er die alten Bräuche des Volkes, die ihn faszinierenden Klänge ihrer Sprache, den Gesang seiner Bauernjungen, aber auch den Schauder der Sünde und der Schuldgefühle wegen seiner quälenden sexuellen Leidenschaften. In der archaischen, «heiligen» Welt seiner Bauern gab es solche Schuldgefühle nicht.

Rings um seine *ländliche Bohème* wurde der Krieg immer bedrohlicher. Als die Partisanen zwei deutsche Wachen erschossen hatten, kam es in Casarsa zur ersten Razzia. Alle Männer flüchteten. Pasolini packte seine Manuskripte und ein paar Bücher und stieg auf den Glockenturm. Dort oben verbrachte er mit seinem Cousin zwei Tage und zwei Nächte. Sein Bruder Guido wurde von den Faschisten verhaftet, und er konnte seiner Mutter gerade noch zuflüstern, daß unter den Dielen seines Zimmers Waffen versteckt waren. Mit viel Glück konnten diese Maschinengewehre und Handgranaten, unter den Augen der Deutschen, noch weggeschafft werden. Guido kam nach einigen Tagen, in denen man ihn verhört und geschlagen hatte, wieder nach Hause: ein Foto seines Vaters, das ihn als faschistischen Offizier in Kenia zeigte, hatte ihm geholfen.

Da es nun für die Schüler in Casarsa zu gefährlich geworden war, mit dem Zug ins Gymnasium nach Udine zu fahren, eröffnete Pasolini bei sich zu Hause eine kleine Privatschule. Freunde aus Bologna, junge Dichter wie er, halfen ihm beim Unterricht, besonders Giovanna Bemporad. Sie war Jüdin und stand Pasolini schon seit Jahren nahe. Sie führte ein extravagantes, freies Leben, zog sich ebenso extravagant an, die Kinder liefen ihr schon hinterher. *Ich habe mit ihr viele schöne poetische Tage verbracht, wir hatten schöne Gespräche, aber in wie viele Schwierigkeiten hat sie mich hier im Dorf gebracht.*[33] Erst waren es nur wenige junge Freunde, die seine Schule besuchten, und der Hauptgegenstand des Unterrichts war die Poesie, das gemeinsame Lesen von Gedichten, aber auch die Anleitung der Schüler, selbst kleine Gedichte und Prosatexte zu schreiben, in Italienisch und Friaulisch.

Im Spätsommer 1944 hatte der Krieg Casarsa endgültig erreicht. Viele Häuser waren von Bomben und Maschinengewehrfeuer zerstört, so daß auch Pasolinis Mutter zusammen mit vielen anderen Familien in die kleinen Orte der Umgebung floh. Die Verwandtschaft Pasolinis kam nach Versuta, wo sie von den Bauern freundlich und freigebig aufgenommen wurden. Pasolinis Schule wurde nun vergrößert, und auch seine Mutter begann wieder zu unterrichten, wie sie es vor ihrer Ehe getan hatte. Die Bauernkinder brachten den Lehrern als Bezahlung Früchte und andere Lebensmittel mit.

In diesem Herbst gründete Pasolini die *Academiuta de lenga furlana*, die Akademie der friaulischen Sprache. Sie diente der Erforschung der friaulischen Kultur und Sprache und der Förderung junger friaulischer Dichter. Sie schrieben im Casarser Dialekt, in einer von Pasolini entwickelten neuen Umschrift. Ihr Organ war der *Stroligut*[34], dessen weitere Nummern sich nicht mehr nur lokal, sondern als gesamtfriaulisch verstanden, und deren letzten Nummern, die nun *Quaderno romanzo*[35] hießen, sich als Kulturzeitschrift für die gesamte rätoromanische Sprachfamilie begriff. Pasolini beschrieb später diese *poetischen Versammlungen als eine Art Arkadien, oder, mit noch mehr Freude, als eine sehr ländliche Art des literarischen Salons*[36]. Die Teilnehmer dieser Versammlungen kamen zu Fuß aus vielen Dörfern, Kriegsflüchtlinge zum Teil, zum Teil junge Schüler Pasolinis aus der Gegend, Vierzehn-, Fünfzehn-, Sechzehnjährige, die er für ihre friaulische Sprache und die Dichtung begeistern konnte. Einige schrieben auch literarische Beiträge für die Zeitschrift, Gedichte, Übersetzungen, kurze Prosaversuche. Die programmatischen Artikel und viele literarische Beiträge schrieb natürlich Pasolini selbst. Eine große Bereicherung der «Akademie» waren die Violinkonzerte von Pina Kalz, einer begabten slowenischen Violinistin, die sich zu Verwandten in Casarsa geflüchtet hatte. Es wurde auch viel über

Musik diskutiert, es gab Konzerte für die Dorfbevölkerung, und Pina Kalz brachte durch ihre Intelligenz und ihre große Kultur, die vor allem eine andere Kultur war – sie sprach deutsch, sie kannte *den ganzen Freud!* –, einen weiteren Horizont in die Akademie. Sie freundete sich bald mit Pasolini an und gestand ihm eines Abends, in einem Brief, ihre Liebe. Sie eröffnete damit die lange Reihe von Frauen, die Pasolini liebten, von Liebesbeziehungen, die alle in denselben Qualen und Enttäuschungen endeten. Von Pasolinis Homosexualität war zu der Zeit noch niemand etwas bekannt, niemand ahnte sie. *Ich versuchte meinen Mangel an Liebe durch ein wahres Gefühl aufzuwiegen ... ich benahm mich zu ihr wie der Held eines Dramas, der schon weiß wie es endet.*[37]

Diese quälende Liebesgeschichte voller Schuldgefühle und Unaufrichtigkeit hat Pasolini sehr eindringlich im Roman *Atti Impuri*[38] (*Unkeusche Handlungen*) geschildert. Sie nahm bald die Form einer «Dreiecksgeschichte» an. Zu der Zeit hatte Pasolini einen Jungen aus einer kinderreichen, armen Bauernfamilie kennengelernt: Tonuti. Mit ihm machte er nach dem Unterricht lange Spaziergänge und war fast jeden Abend mit ihm zusammen. Tonuti war dunkel, etwas gedrungen, mit lachenden Augen und hatte *die Kraft und das Zartgefühl der großen bäuerlichen Rasse*[39]. Tonuti schrieb auch einige Gedichte für den *Stroligut*, spielte in dem Theaterstück mit, das Pasolini damals geschrieben und inszeniert hatte – es hieß *Die Knaben und die Elfen. Eines Tages, als sie schon alles wußte, ging sie sogar so weit, vorzuschlagen, mir als Schutzschild gegen das Gerede der Leute zu dienen.*[40] Aber Pasolini konnte nicht einmal ihr gegenüber dieses Liebesverhältnis eingestehen. Seine «Neigung» mußte damals noch um jeden Preis verborgen bleiben. Um so offener war er in seinen Tagebüchern, denen er die geheimsten Regungen und die verzehrendsten Leidenschaften mitteilen konnte. Und er teilte sie ihnen mit in einer Form, der man es ansieht, daß sie nicht für immer geheim bleiben soll: er begann sie schon damals, zaghaft, zu einem Roman zu verarbeiten. Lange nach seinem Tod wurden sie aber erst (zu einem erheblichen Teil wenigstens) wirklich veröffentlicht. Pasolini konnte in diesen Jahren nicht einen Augenblick ohne diesen Jungen sein, er mußte ihn – seinen «Sekretär», wie die Leute ihn scherzhaft und ironisch nannten – ständig um sich haben; *das machte mich wahnsinnig, aber ich konnte mich nicht mehr zurückhalten ... wie ein Automat die Augen oder die Hand auf Nisiutis* (Tonuti) *Körper ruhen zu lassen*[41]. Pasolini wußte, wie sehr und aufrichtig auch der Junge ihn liebte, aber er wußte auch, wie sehr er darunter litt, unter den Scherzen der Jungen und unter dem Gefühl, eine schwere Sünde zu begehen. *Jeden Abend war er glücklich in der Illusion, daß ich mich nun endgültig von der Sünde befreien würde.*[42] – Diese zwischen unschuldiger Zuneigung und heftiger Leidenschaft hin- und hergerissene Liebe setzte sich in einer lebenslangen Freundschaft fort.

Pasolinis Bruder Guido war inzwischen zu den Partisanen in die Berge gegangen. Pier Paolo war kein so aktiver Antifaschist, und zu den Partisanen wollte er allein schon wegen seiner Mutter auf keinen Fall gehen, weil er ihr jeden Schmerz ersparen wollte. Guido war schon in Casarsa durch gewagte Aktionen auf eigene Faust hervorgetreten. Nach seiner Abreise schrieb er Pasolini noch einige Briefe, in denen er ihn um einige Texte zur politischen Agitationshilfe bat. Dann hörte Pasolini nichts mehr von ihm bis zum Ende des Kriegs. Dieses Schweigen lastete als eine ständige, untergründige Angst und Vorahnung auf ihm und seiner Mutter. Sie erfuhren erst nach dem Krieg von seinem Schicksal, zuerst durch Gerüchte, viel später erst durch eine offizielle Nachricht. Pasolini beschrieb die Vorfälle in einem Brief:

Liebster Luciano ... das Unglück, das meine Mutter und mich getroffen hat, ist wie ein unendlich großer, furchtbarer Berg, den wir erklettern mußten, und je weiter wir uns jetzt davon entfernen, desto größer und schrecklicher hebt er sich gegen den Horizont ab. Ich kann nicht darüber schreiben, ohne zu weinen, und alle Gedanken kommen durcheinander hoch wie die Tränen ... Du erinnerst Dich an die Begeisterung Guidos, und in mir hämmerte tage- und tagelang der Satz: er konnte seine Begeisterung nicht überleben. Dieser Junge war von einer Hochherzigkeit, von einem Mut, von einer Unschuld, daß man es nicht glauben kann ... Meine Mutter ist da und macht irgend etwas in der Küche, und ich muß mich furchtbar anstrengen, damit sie mich nicht beim Weinen sieht ... Guido, verstehst Du, der zwanzig Jahre lang immer in meiner Nähe war, der mit mir im selben Zimmer geschlafen hat, mit mir am selben Tisch gegessen hat ... Ich kann sagen, Luciano, daß er den Tod gewählt hat, daß er ihn gewollt hat; und zwar vom ersten Tag unserer Sklaverei an. Am 10. September 1943 haben er und einer seiner Freunde mehrmals den Tod riskiert, um den Deutschen im Fliegerstützpunkt von Casarsa Waffen zu stehlen; genauso im ganzen Herbst 1944 ... Den ganzen Frühling hindurch haben sie nachts, während der Ausgangssperre, Propagandazettel verteilt und Parolen an die Mauern geschrieben ... Und Du, Luciano, wirst Dich an unsere Festnahme erinnern, bei der man mich beschuldigte, für die Propaganda verantwortlich zu sein; in Wirklichkeit war es Guido. Von da an wurden wir ständig und verschärft überwacht. Zum Schlafen gingen wir oft nach Versuta; inzwischen hatte Guido schon seit längerem beschlossen, in die Berge zu gehen. Ende Mai 1944 ist er dann losgezogen, ohne daß man etwas tun konnte, ihn zu überreden, in Versuta zu bleiben, sich dort zu verstecken, wie ich es dann ein Jahr lang getan habe. Ich habe ihm bei der Abreise geholfen, eines Morgens, sehr früh ... Er kam schließlich in Pielungo an, wo er sich der Kompanie Osoppo angeschlossen hat. Hier beginnen seine legendären Unternehmungen, die ich nicht so genau kenne. Seine Briefe waren spärlich und dunkel. Zu jener Zeit gab es erst sehr wenige Patrioten in den Karner Bergen; die Abteilung von Guido bestand aus sechs oder sieben Männern, die vortäuschen muß-

Volksfeier bei der Verhaftung Mussolinis, 25. September 1943

ten, eine Kompanie zu sein ... Seit ein paar Monaten machte sich dort eine Gruppe von Verrätern zu schaffen, die die Sache der Freiheit verriet und sich an Tito verkaufte; die Osoppo-Anhänger dieser Gegend, deren Führer Bolla war und denen auch Guido angehörte, wollten sich den slawo-kommunistischen Forderungen nicht beugen und zu den Reihen unseres Feindes Tito übertreten. Das war die Situation im November 1944; nun wurde die Lage angespannter, bis sich eines Tages eine Gruppe von Garibaldinern bei Bolla meldeten und um Aufnahme baten, nachdem sie vorgegeben hatten, einer Razzia entkommen zu sein. Dann, plötzlich, lassen sie die Maske fallen und erschießen Bolla, stechen ihm die Augen aus, und massakrieren Enea; alle anderen, die armen Jungen, sechzehn oder siebzehn, nehmen sie gefangen, sie erschießen sie, einen nach dem anderen, alle. Das geschah auf *den Almen bei Musi. An diesem Tag befand sich mein Bruder mit Roberto und anderen in Musi, sie wollten zu Bolla gehen und ihm einige Briefe überbringen; da hören sie die ersten Schüsse, sehen einen, der flüchtet, der ihnen zuruft, daß sie auch flüchten sollen, umkehren sollen, daß sie nichts mehr tun könnten. Alle lassen sich überzeugen und kehren um. Aber mein Bruder und Roberto nicht; sie wollen nachsehen, sie wollen den armen Jungen zu Hilfe kommen. Aber gegen hundert oder mehr Verräter waren sie machtlos. Nach ein paar Tagen wurden alle, grausamst, umgebracht. Das Begräbnis der exhumierten Leichen wurde einige Monate später begangen, nach der Befreiung, mit großen Feierlichkeiten, in Udine; jetzt liegt Guido auf dem Friedhof in Casarsa.*[43]

Die Vorfälle von Porzus blieben für Pasolinis Leben ein entscheidendes Ereignis; in sehr vielen seiner Werke ist der Opfertod oder der unschul-

*Als Student
in Bologna*

dige Tod eines Jungen ein zentrales Thema. Dieses Trauma war voller Schuldgefühle – hatte Guido diese Ideen nicht von ihm? Warum ist er selber nicht zur Resistenza gegangen? Dem Sühnebedürfnis und der mythischen Identifikation mit diesem Opfertod steht aber immer seine rationale Bewältigung gegenüber: gerade weil Guido von kommunistischen Fanatikern umgebracht wurde, will Pasolini zur «guten Sache» des Kommunismus stehen.

Nach dem Krieg führte Pasolini die Akademie weiter und veröffentlichte neben der Zeitschrift drei weitere Gedichtbändchen, die er auf eigene Kosten drucken ließ (*Poesie, Diario 46–47, Diarii*).[44] Inzwischen war auch sein Vater aus der Kriegsgefangenschaft in Kenia zurückgekehrt. Er war unleidlich, von früh bis spät betrunken, schrie durchs Haus und schloß sich noch öfter in völligem Schweigen in seinem Zimmer ein. Das Verhältnis zu seiner Frau und seinem Sohn war sehr gespannt. Trotzdem ließ er für Pier Paolo bei der Wiederherstellung des kriegsbeschädigten Hauses in Casarsa einen einstöckigen Anbau errichten, einen großen Raum mit großem offenem Kamin, der nun der neue Sitz der «Friaulischen Akademie» wurde. Pier Paolo Pasolini war endgültig zum Friauler geworden. Er nahm am sozialen und politischen Leben teil. Seine Zeitschrift fand die Anerkennung der offiziellen «Friaulischen Philologischen

Als Delegierter auf einem Kongreß der Kommunistischen Partei

Gesellschaft», auch wenn sie in ihren Auffassungen von regionaler Autonomie und von Dialektdichtung nicht übereinstimmten. Auf seinen Fahrradreisen über Land hatte Pasolini auch immer mehr das soziale Leben seiner Bauern kennengelernt, vor allem auch die sozialen Probleme der arbeitslosen Landarbeiter und der durch den Krieg verarmten Kleinbauern. Viele der Landarbeiter schlossen sich zu Zellen der Kommunistischen Partei zusammen, und Pasolini nahm oft an ihren Sitzungen und ihren Diskussionen mit alten Kommunisten teil. Nach langen Zweifeln schrieb sich Pasolini 1947 in die KPI ein und wurde Sektionssekretär von San Giovanni. Dadurch verlor er viele Freunde, denn die Bauern dieser Gegend sind katholisch. Viele Abende verbrachte Pasolini nun in den staubigen Sektionslokalen, viele Tage auf Demonstrationen, Delegiertenversammlungen, Hausbesetzungen, bei der Wahlpropaganda. Er war bald eine bekannte öffentliche Persönlichkeit, seine leidenschaftlichen und unorthodoxen Reden auf den Kongressen verschafften ihm Anerkennung. Er schrieb für mehrere Tageszeitungen. Als Sektionssekretär erfand er so etwas wie die späteren maoistischen Tatsebaos: zu jedem Thema klebte er handgeschriebene Wandzeitungen vor das Parteilokal, auf denen er in der Sprache der Bauern, aus ihrer Sicht und in ihrem Wortschatz, die Dorfleute agitierte, einen Dialog mit ihnen suchte.

Seine Privatschule war von der Schulbehörde inzwischen geschlossen worden – angeblich weil die Schüler eine kleine Gebühr bezahlten –, und Pasolini war nun Lehrer in einer Staatsschule in einem Ort 12 Kilometer von Casarsa entfernt. «Professor» Pasolini unterrichtete dort zwei Jahre und fuhr jeden Tag mit dem Fahrrad hin. Er galt als ausgezeichneter Lehrer. Er las mit den Schülern moderne Dichter, regte sie an, selber Gedichte zu schreiben, lehrte sie ihre Muttersprache, das Friaulische, auch zu schreiben. Er erfand eine Art «aktiver Pädagogik», da seines Erachtens die Schule mit ihrem Leben wenig zu tun hatte: *Wenn ich sah, wie meine Schüler mit dem Latein umgegangen waren, konnte man meinen, sie seien Bettler mit einem Zylinder auf dem Kopf.*[45] Er legte mit den Schülern im Schulhof ein Gärtchen an, er klebte große farbige Figuren an die Tafel, die er selbst gemalt hatte, und erfand dazu Geschichten und Fabeln. Dieser «pädagogische Eros» hatte sicher auch verborgene, unmittelbar erotische Motive, er hatte aber auch mit dem politischen und kulturell motivierten erzieherischen Engagement zu tun, das Pasolinis gesamte Arbeit begleitet.

Er hatte in Casarsa gleich nach dem Krieg einen Filmklub und Theateraufführungen für die ganze Bevölkerung organisiert. Er schrieb während des Kriegs ein «politisches» Theaterstück als Parabel auf die Nazis im Friaul. Mit diesem Stück beginnt eigentlich auch sein Verhältnis zum Publikum, ein leidenschaftliches Verhältnis, auf das er sein Leben lang, sei es in Liebe oder in Haß, angewiesen sein wird. Nach der *Entdeckung der Politik* anläßlich der dramatischen Ereignisse, die im September 1943 in Italien zur Befreiung vom Faschismus führten, und nach der Entdeckung der sozialen Dimension der friaulischen Sprache durch den intensiven Kontakt mit «seinen Bauern» war das eine logische Erweiterung seiner dichterischen Arbeit: von der reinen, absoluten Sprache zur kommunikativen, politischen Sprache. Natürlich ist auch die Zeitschrift *Stroligut* Teil dieses neuen Schreibens: Kommunikation mit einem größeren Publikum, Organisation von Kulturarbeit, politische Intervention. Seine «reine Dichtung» hört damit aber nicht auf; die Spannung zwischen «Stil» und «Politik» wird Pasolini sein Leben lang begleiten.

Bevor wir aber auf die literarische Arbeit dieser Jahre eingehen, möchte ich sein biographisches Schicksal weiter verfolgen.

Der junge Gymnasiallehrer, Parteifunktionär und Publizist – er wird 1947 25 Jahre alt – ist in seinem Privatleben nicht mehr so frei wie früher. Wenn Pasolini, sein junger Cousin und seine Freunde das freie, unbeschwerte Leben auch weiterführen, auf die Fahrten zum Tagliamento, zu den vielen Dorffesten und die nächtlichen «Sauftouren» über Land nicht verzichten, so erleben sie doch alles weniger heiter, sie fühlen eine heimliche Bedrohung. Vor allem die konservativen, katholischen Kreise sahen in dem Erfolg Pasolinis bei der Bevölkerung, bei den einfachen und armen Bauern, die er wirklich kannte, eine Gefahr. Es gab auch schon versteckte Warnungen und vage Bedrohungen durch seine politischen Gegner. Eines Nachts – Pasolini schrieb zu den «unmenschlichsten Zeiten, wenn in der ganzen Gegend allein sein Licht brannte»[46] – hatte er auch entdeckt, daß sein Vater in seinen Papieren gestöbert und dabei die Liebesgeschichte mit Tonuti in die Hände bekommen hatte. Pasolini war über diese Indiskretion so bestürzt, daß er gar nicht darauf reagierte, nichts sagte. Aber nun wußte es der Vater, und in dessen faschistischem Moralkodex gab es sicher keine Möglichkeit, mit dieser großen Enttäuschung über seinen Sohn fertig zu werden. Pasolini nahm sich vor, mit seiner inneren Kraft, *mit Weisheit, mit Narzißmus, mit absoluter Ehrlichkeit*[47] damit fertig zu werden.

An einem Sommerabend, bei einem der üblichen Tanzfeste im Freien, passierte es dann: er wurde angezeigt wegen «obszöner Handlungen»[48]. Seine Vorahnung dieses Sommers hatte sich endlich bewahrheitet. In Casarsa wurde es still um ihn, nicht weil man ihn verurteilte, sondern aus Mitleid. Die Bauern unterstützten die Carabinieri auch bei den absurden Befragungen und «Lokalterminen» nicht. Pasolini verlor seine Lehrerstelle – auch der einmütige Protest aller Eltern bei der Schulbehörde konnte ihm nicht mehr helfen –, und er wurde aus der Kommunistischen Partei ausgeschlossen. Konformismus und berechtigte Angst vor Verlusten bei der konservativen bäuerlichen Anhängerschaft sind für diese heftige Reaktion der Partei verantwortlich. Das war für ihn der soziale Tod im Friaul. Er reagierte auf dieses *Massaker* mit *verzweifelter Weisheit*, er war vor allem bemüht, seine Mutter vor dem größten Leid zu beschützen.

Für seine Freunde kam all das völlig unvermutet. Sie erfuhren von seiner Homosexualität aus den Zeitungen. Auch das Mädchen, mit dem Pasolini damals sehr oft zusammen war, das ihn mit einer Frische und Fröhlichkeit liebte wie noch keine andere, konnte es nicht glauben. Pasolini mußte es ihr selbst sagen. Ihre Freundschaft dauerte noch lange Jahre, trotz dieser Enttäuschungen.

Im Winter 1949 blieb Pasolini fast allein. Alle seine Freunde waren, aus verschiedenen Gründen, aus Casarsa weggezogen. Daß er nach dem Krieg auf dem Land geblieben war, hatte ja vor allem «sentimentale» Gründe, seine Liebe zu Tonuti. Er arbeitete jetzt viel an seinen Büchern.

*Die Mutter
in Bologna*

Zu Hause wurde sein Vater immer unerträglicher: er betrank sich bei Tag, und ganze Nächte schrie er, eingeschlossen in seinem Zimmer. Pasolini wollte weg, aber er wußte nicht wohin. Eines Morgens packten er und seine Mutter die Koffer. Sie flüchteten *wie in einem Roman*, ohne jemandem etwas zu sagen, nach Rom.

Die Friauler Jahre waren also begleitet gewesen von literarischer Produktion, von Dichtung.

Wir hatten schon in Pasolinis Briefen gesehen, wie sich ihm das Gelebte in Literatur verwandelt: in ein Bild, in einen Text, in Vergangenheit. Und wir haben die ersten Gedichte gesehen, in denen er der schmerzlichen Auflösung der Einheit mit einer mythischen Natur inne wird, der Geburt und der schmerzlichen Selbsterkenntnis im gespiegelten Gegenüber, im Narziß. *Ach ich Knäblein, ich werde geboren / im Duft, den der Regen / haucht aus den Wiesen / aus lebendigem Gras … Ich werde geboren / im Spiegel des Bächleins // In diesem Spiegel zittert Casarsa / – wie die Wiesen im Tau – / aus einer alten Zeit. / Dort unten lebe ich von Barmherzigkeit, / ferner sündiger Knabe // in einem trostlosen Lachen. / Ach ich Knäblein, heiter / legt der Abend den Schatten / auf die alten Mauern: im Himmel / erblindet das Licht.*[49]

Pasolini ordnet diese Gedichte der ersten Sammlung von 1942 in eine Erzählstruktur, zu einer Art Entwicklungsgeschichte des Dichters, und er wiederholt diese autobiographische Anordnung in der großen Sammlung der Dialektgedichte von 1954: *La meglio gioventù*.[50] Das Thema des Narziß wird in unzähligen Varianten wiederholt, der Mythos des Dichters als «unschuldige» Stimme der Natur gibt mehr und mehr von seiner komplizierten und gequälten Seele preis, hin und her gerissen zwischen ästhetischer Leidenschaft und dem dunklen Gefühl der Schuld (*sündiger Knabe*).

Die Sünde übt auf den Dichter eine unwiderstehliche Anziehungskraft aus, sie ist für ihn der elementarste Akt der Selbstbehauptung, in einer bäuerlichen Welt, in der das Leben selbst auf eine elementare Selbstbehauptung reduziert zu sein scheint. Die Sünde bedeutet jedoch schon eine Entfernung aus dieser bäuerlichen Welt, in der die Lust der Sinne und die Kraft des Geschlechts, als reine Natur und reine Körperlichkeit, keine moralische Dimension haben. Und Sinnlichkeit ist für Pasolini, wie die späteren Friauler Gedichte offen aussprechen, immer die unmittelbare Geschlechtlichkeit. Das Subjekt dieser Sexualität sind die Knaben (für die er im Friaulischen mehr als ein Dutzend hochklingender Namen findet), seine zu einem jungen Mädchen gewordene Mutter (größte Quelle der Lust ebenso wie der Qual), oder sein Spiegelbild, Narziß (der später auch die Gestalt des Teufels, des Diebes, des Verrückten annehmen wird). Der Dichter, seine alles bestimmende Subjektivität, ist der Mittelpunkt dieses vorgeschichtlichen Universums – und wenn gegen Ende der

Gedichtsammlung immer mehr Außenwelt hereinbricht, ist das auch ein Zeichen der Krise.

Wesentlich bleibt die Musikalität dieser Lyrik, sie steigert sich zuweilen zu reiner Musik, zum akustischen Bild. Der reine Klang dieser Gedichte drückt für Pasolini die *Vorsprachlichkeit* seines Dialekts aus, die Vorsprachlichkeit seiner mythischen Welt. Die Verwendung des Dialekts ist ihm ein Akt der *Regression*, wie er in seiner Geschichte der *Dialektdichtung des 20. Jahrhunderts*[51] über seinen eigenen Beitrag zu ihr sagen wird: eine Regression von der *Darstellung* zum *reinen Laut*.[52] Nach seiner Erinnerung hatte er eines Morgens das Wort *rosada*, Tau, gehört, und er war vom Klang dieses Wortes, das *in all den Jahrhunderten noch nie geschrieben worden war*[53], wie benommen, und er begann gleich ein Gedicht mit diesem Wort zu schreiben. Dieser *Rückschritt* ist bei Pasolini jedoch sofort eine sehr komplexe Bewegung. Bei den jungen Dichtern seiner (späteren) *Academiuta* gab es eine Identität von Sprache und Sprecher, deren poetische Resultate aus dem konventionslosen Aussprechen eines archaischen «Tons» und ihrer magischen Bilder voller *natürlicher Wirklichkeit* erwachsen: Pasolini geht *von einer Sprache (dem Italienischen) zu einer anderen Sprache (dem Friaulischen) zurück, die zum Objekt einer trauernden Sehnsucht geworden ist, einer in ihren Wurzeln zutiefst sinnlichen Sehnsucht, die aber dann mit der Nostalgie dessen sich verband, der sich der Sprachkrise seiner Zeit bewußt ist, der Krise des trostlosen verzweifelten «Je ne sais plus parler» Rimbauds.*[54] Die Entscheidung für den Dialekt war keine willkürliche, sie war seine einzige Möglichkeit, seiner Gefühle und seines Lebens Herr zu werden. *Da er nicht auf psychologisch normalem Weg die Rationalität erobern konnte, konnte er nur umkehren und wieder ganz in seine Welt eintauchen. Er mußte seinen Weg nochmals gehen, von dem Punkt an, wo sein erstes Glücksgefühl identisch war mit der verzauberten Landschaft Casarsas, mit einem bäuerlichen Leben, von seiner trauernden Sehnsucht episch gemacht. Erkennen und Ausdrücken waren eins: daher die Rückkehr zu einer Sprache, die näher an der Welt ist.*[55]

Nähe, physische Nähe zur Welt, diese Sehnsucht bestimmt Pasolinis ganzes Leben, sein ganzes Werk. (Auch in der Malerei, die er in jenen Jahren sehr intensiv betrieb, verwandte er vorwiegend unmittelbares Natur-Material: Pflanzen, Erde, Essig, Abfälle – um Natur mit Natur, Realität mit Realität auszudrücken.) Die Nähe der friaulischen Sprache zur Welt ist die Nähe des Namens zum Ding, unmittelbarer, schüchterner Ausdruck einer vorgeschichtlichen Welt. Sie ist in Pasolinis Lyrik eine «Noch-nicht-Sprache», eine, die sich der Kommunikation verweigert in einer Welt der totalen, auch sprachlichen, Entfremdung. Das ist Pasolinis «Hermetismus», sein Anschluß an die moderne Lyrik des 20. Jahrhunderts. Er will die reine Sprache der Poesie, die absolute Sprache, und die Dichtung ist ihm heilig, ein Kult.

Pasolini beginnt beim *reinen Licht* der Sprache, weil sein *glückliches Leben* da begonnen hat, aber wie das Subjekt nicht in jener *reinen Existenz* verharren kann, so kann es auch nicht das Wort: die Geschichte, die Gesellschaft drängt sich beiden mit Gewalt auf. Seine Gedichte erzählen, reflektieren die Entwicklung des Subjekts und die Entwicklung der Sprache. Hier überwindet Pasolini sein hermetisches Experiment und gibt ihm eine historische Dimension. Insofern sind seine Friauler Gedichte nicht nur Biographie, sondern auch «Poetographie», Sprache, die bei all ihrer Unmittelbarkeit ihre eigene Geschichte schreibt. Pasolini sagte in einem späteren Interview, daß seine Sprache *gegen seinen Willen* die historische Realität, das Friauler Volk und das wirkliche Leben entdeckt hat.[56] Dieser Realismus mischt sich immer stärker in die Trauer der letzten Gedichte aus *La meglio gioventù* über Armut, Emigration, Krieg.

Realistisch, kommunikativ, einfach wird vollends die Sprache der Friauler Theaterstücke und der Publizistik des *Stroligut* über Probleme der regionalen Autonomie. Das Theaterstück *Die Türken im Friaul*[57] greift das Motiv einer Votivtafel aus dem 15. Jahrhundert auf, den Widerstand der Vorfahren seiner Mutter gegen die Türken in Casarsa. Das Stück handelt von zwei Brüdern, deren einer sich zum Widerstand gegen die Feinde entschließt; Casarsa kann gerettet werden, er selbst wird jedoch das tragische Opfer seiner selbstlosen Tapferkeit (eine «prophetische» Vorwegnahme des Schicksals der Brüder Pasolini). Dieses Stück aus dem Jahre 1944 verwendet die tatsächlich gesprochene Sprache der Bauern und hat einen unmittelbar politischen Inhalt: die Bedrohung Casarsas durch die Deutschen. In diesen politischen Texten zeigt sich zum erstenmal die Fähigkeit Pasolinis zur raffinierten Einfachheit, zur ausgeklügelten Nachahmung der Wortwahl und des Tonfalls des «Volkes».

Gleichzeitig schrieb Pasolini immer schon italienische Gedichte, die er aber im wesentlichen erst nach der Friauler Periode in Rom veröffentlicht: Die wichtigste Sammlung, *L'usignolo della Chiesa Cattolica*[58], die *Nachtigall der Katholischen Kirche*, erschien 1958. Er sammelt darin in sorgfältiger Chronologie, als Summe seiner poetischen und menschlichen Erfahrung nur die wichtigsten der zahllosen Gedichte jener Jahre. Er hatte, wenn sein «Beichtbedürfnis» am größten war, zuweilen auch mehr als ein Gedicht pro Tag geschrieben. In diesen «Tagebüchern» ist die Homosexualität allgegenwärtig, und sie wird oft ohne jede metaphorische Verkleidung ausgesprochen. An ihr wird ein weitergehendes, existentielles Thema behandelt: Pasolini will den letzten Grund seines Lebens erforschen, ohne Vorbehalte seine Gefühle und Gedanken ausloten, seine Existenz hinter dem Schleier jeder Moral und Konvention ergründen. Er spürt der Entwicklung des Bewußtseins, des Intellekts nach und den Verwandlungen der Sehnsucht der mythischen Einheit mit einer Natur-Welt. Die *Sünde* ist nur ein Moment in dieser Vergesellschaftung, in diesem endgültigen Übertreten aus dem Paradies (*glückliche Spiele*) in die Gesellschaft. *Sei also der Besessene / der keine Heilung sucht. / Das unerlaubte ist in deinem Herzen / es allein nur zählt / lache über die natürliche/tausendjährige Scham.*[59] Die *Katholische Kirche*, die die *Nachtigall* hier besingt, ist zum einen noch die demütige Kirche der Bauern, die in ihr Naturdasein die Grundrhythmen eines gesellschaftlichen Daseins bringt: Taufen, Begräbnisse, feierliche Versammlungen; aber sie ist dem Dichter auch Gegenstand von dekadenter Blasphemie. Der Sünder und Verletzer der Ordnung identifiziert sich mit Christus, aber auch mit Narziß und dem Teufel, und sie sind vereint in ihrer skandalösen Begierde. Das Bild des Subjekts hat von den alten *glücklichen Knaben* bis zu diesem Märtyrer-Christus einen weiten Weg zurückgelegt. *Man muß sich zeigen / der arme gekreuzigte Christus / die Klarheit des Herzens ist würdig jeder / Verhöhnung, jeder Sünde / jeder nacktesten Leidenschaft ... um den Skandal zu bezeugen.*[60] Der Skandal ist aber nicht nur die soziale Abweichung: Anderssein und Gesellschaftlichsein wird in diesen Gedichten letztlich als dasselbe angesehen. Der «Skandal» liegt darin, daß Pasolini Sprache nun völlig errungen hat und dadurch aus der «heiligen Natur» endgültig ausgeschlossen ist.

Am Ende einer leidensreichen Subjektwerdung in den endgültigen Besitz der Selbsterkenntnis und der Sprache gelangt, verwirft er diese wieder. Er nennt die Sprache *die entsetzliche Statue*, den *Tod seiner Vergangenheit; ich will sie nicht mehr wollen, ich will mein nacktes Schweigen*. Das Wort, die Sprache, lasse sogar die Liebe zu seiner Mutter *verfaulen*, indem es sich wie ein *Schatten* über diese Vertrautheit legt.[61]

Der letzte Abschnitt des *Usignolo* ist mit *Die Entdeckung Marx'* überschrieben. Eine Entdeckung, die zum einen eine Steigerung des (historischen) Bewußtseins darstellt, zum anderen diesem Naturverlust einen Rahmen gibt – man denke an Pasolinis erfolgreiche Parteiarbeit in seinen letzten Friauler Jahren. Der Halt, den dieser Rahmen geben kann, muß dem Leser aber als ambivalent erscheinen, wenn er noch die tiefen Zweifel des vorhergehenden Abschnitts – *Tragic* überschrieben im Ohr hat. Es war jedoch Pasolinis Sache nie, die Ambivalenz auszuschließen. Die *Entdeckung Marx'* war für ihn eine große Entdeckung, und sie wird es bis an sein Lebensende bleiben – auch wenn er zugleich bis an sein Lebensende am «Ende der Unschuld» verzweifelt. *Mit dir im Herzen, / im Licht, gegen dich im dunklen Gedärm*[62] werden seine berühmten Worte an den Marxisten Antonio Gramsci lauten.

Über die Prosa, die Pasolini neben dieser Lyrik im «hohen Stil» schrieb, erfuhr das Publikum erst spät. 1962 veröffentlichte er den Roman *Der Traum von einer Sache*[63], der im wesentlichen in den letzten Friauler Jahren 1948/49 geschrieben wurde. *Amado mio*[64], zwei Romanfragmente, an denen er wohl schon kurz nach seiner Übersiedlung nach Casarsa zu arbeiten begonnen hatte, erschien erst 1982, sieben Jahre nach seinem Tod. *Amado mio* war eine späte Überraschung, ich zähle es zum Schönsten, was Pasolini geschrieben hat.

In der ersten der beiden Erzählungen, «Idyllen und zugleich Elegien der Jugend»[65], versucht Pasolini die absolute Subjektivität seines Tagebuchs schrittweise zur Romanform zu objektivieren: von der ersten geht er zur dritten Person über, es entstehen eine durchgehende Geschichte, mehrere Schauplätze, mehrere Personen. Die Offenheit dieser Romanwerkstatt verstärkt noch die absolute Aufrichtigkeit des Inhalts, erhöht den Zauber, der von dieser Erzählung ausgeht und verhindert jeden falschen Ton dieser «delikaten Materie». *Atti impuri*, etwa *unkeusches Tun* – so heißt dieser erste Roman –, war von vornherein für die Veröffentlichung geschrieben, auch wenn sich Pasolini trotz mehrerer Anläufe nie dazu entschließen konnte – vielleicht aus Rücksicht auf seine Mutter. Es war nicht sein erster Versuch einer Umwandlung der Autobiographie in einen eigenen Romanstil, des Ineinanderarbeitens von Selbstanalyse und Tagebuch mit Beobachtungen der Natur, der Charaktere, der sozialen Verhältnisse. Er hatte in den regionalen Zeitungen einige Kurzgeschichten veröffentlicht, zum Beispiel *Tagebuch eines Lehrers* und *I parlanti* (*Die Sprecher*), in denen er seine ethnologischen und anthropologischen Studien vorsichtig mit Motiven seiner Tagebücher verband. In dieser Form sind später auch zwei Kapitel aus *Amado mio* entstanden. In diesem zweiten Roman hat Pasolini seinen Stil schon gefunden und die Bezeichnung *Fragment* sollte eher den gewagten Inhalt etwas bemänteln. *Amdao mio* ist die Geschichte eines jungen Intellektuellen, Desiderio (zu deutsch: Wunsch, Begierde), der auf dem Land seine Sommerfrische verlebt und dem eine verzehrende Sehnsucht nach den Körpern der Bauernjungen, besonders nach einem dieser ebenso unschuldigen wie gleichgültigen Körper, sein «städtisches» Selbstbewußtsein wie in einem stürmischen Traum davonträgt. Aus dieser kulturellen Distanz beschreibt Pasolini seine idyllisch-elegische Natur-Welt noch einmal, und die Unwiderstehlichkeit ihrer Sogwirkung (auf Desiderio) kann noch einmal mit allem Raffinement beschrieben werden, die er in langjähriger, am eigenen Leib schmerzlich erfahrener Verschmelzung mit ihr ausgebildet hat. Pasolini mußte seine Schuldgefühle und seine Angst mit gewiß nicht geringer Gewalt zähmen, um sein zärtliches Einfühlen, seine präzisen Beobachtungen und ästhetisch-leidenschaftlichen Empfindungen dieser Friauler Idylle bis zur Heiterkeit zu befreien. Und es sind sicherlich weniger seine literarischen Mentoren (*von de Laclos bis Peyrefitte, von Gide bis Mann*[66]) als sein wirklich erfahrenes Glück dieser Jahre dafür maßgebend. Ein Nachwort aus dieser Zeit zeigt, wie sehr er um diese Heiterkeit, um diese (auch künstlerische) Freiheit gekämpft hat. *Es ist wahr, solange die Leidenschaft sie verzehrt, verzehrt sie die Sünde mit ihnen ... doch genügt es zu leiden, um Erlösung zu erlangen? ... Wenn ich das Material für dieses Buch aus meinem Leben geschöpft habe, bedeutet das, daß ich*

Auf einem Kirchweihfest

*keine Angst davor hatte ... Und wenn ich, umgekehrt, zu wenig mutig war,
so bitte ich den Leser, sich gegen die Gewalt, nicht gegen die Anomalie der
Liebe zu empören; und dann soll er getrost das Urteil aussprechen, das in
meinen Seiten zu implizit geblieben ist.* [67]

Daß Pasolini den *Traum einer Sache* nicht in der Schublade versteckt
hielt, ist verständlich: jede «skandalöse Autobiographie» ist – fast gewaltsam – aus diesem Roman entfernt, er nimmt zum Schluß die Gestalt eines
volkstümlichen Werkes aus der neorealistischen Schule an. Auch die versteckte Autobiographie, die auf die beiden Gestalten eines homosexuellen Priesters und einer bürgerlichen Kommunistin projiziert war, fiel
der letzten Redaktion zum Opfer. Zurück bleibt die Geschichte dreier
Jugendlicher aus dem Volk im Friaul der Nachkriegszeit, um die herum er
noch einmal, aus sicherer Entfernung, die Motive und Stimmungen seiner
Friauler Jahre aufleben läßt. Die Sprache ist diesem politischen, sozial-
kritischen Roman angepaßt, sie ist distanzierter, analytischer, kommuni-
kativer als sonst – aber doch nicht so beruhigt, daß man die Spannung, die
sie verbirgt, nicht doch dahinter verspürte. Die Trauer über diese nun
endgültig verlorene Welt bleibt die Grundstimmung dieser Geschichte
eines verlorenen Kampfes.

Ein neuer Anfang: Rom
(Die fünfziger Jahre)

Pasolini und seine Mutter kommen in Rom an wie die ärmsten Emigranten. Sie bringen nichts mit, und sie erwartet auch nichts als der harte Existenzkampf der Großstadt. Ein paar Tage kommen sie bei Pasolinis Onkel unter. Dieser Onkel, ein Bruder seiner Mutter, ein etwas eigenbrötlerischer Junggeselle, der von seinem kleinen Trödelladen lebt, kann Pasolini ein billiges Zimmer in Untermiete besorgen und seiner Mutter eine Stelle als Hausmädchen. Pasolini sieht seine Mutter, wenn sie die kleinen Kinder der «Herrschaft» zum nachmittäglichen Spaziergang ausführt. Unter dieser «Erniedrigung» seiner Mutter leidet Pasolini sehr, unter seiner eigenen Armut und Arbeitslosigkeit weniger. Er ist fest entschlossen, nicht zu resignieren. Zu oft mußte er sich schon in seinen Gedichten, in seinen Tagebüchern, Resignation vorwerfen – und er wird sie auch später als eine der größten Sünden bekämpfen.

Nicht zu resignieren hieß vor allem, sexuell nicht zu resignieren. Er nimmt die Herausforderung der Großstadt an, er sucht die aggressive Freiheit der Jugendlichen in den Armenvierteln. Plötzlich und unverhofft findet er sich mitten in einer Welt, in der die Sexualität einfach ein Mittel von vielen ist, aus dem Augenblick das Beste zu machen, die Langeweile etwas zu verscheuchen. Wenn dabei ein paar Lire herausschauen, wie bei einem kleinen Einbruch oder auf dem Strich – um so besser. Pasolini genießt diese Selbstverständlichkeit und Freizügigkeit, und er bezeichnet sogar diese ersten Monate in Rom voller Armut und Unsicherheit als glücklich. Den einzigen Schatten über diese völlig neue Entfaltung der Sinnlichkeit wirft die Entfernung von der Mutter, die diese Freiheit bedeutet. Die leise, «poetische» Sinnlichkeit, die er im Friaul fand, war die sinnliche Welt seiner Mutter – die laute, gewalttätige Körperlichkeit des proletarischen Rom muß jener Welt fremd bleiben. Pasolini, der Norditaliener, der Intellektuelle, der Kleinbürger konnte diese Kluft überspringen, weil die Verletzung, die seinem bisherigen Leben ein Ende gesetzt hat, so groß war, ebenso groß wie das Versprechen, unter seinem «Dämon» endlich nicht mehr leiden zu müssen. Dem zurückgelassenen Tonuti schreibt er wiederholt, *wie mikroskopisch klein und absurd*[68] ihm Casarsa jetzt erscheint. Er gesteht ihm, daß er ihm sein neues Leben *schon gar nicht mehr mitteilen kann ... so enorm und voller Gewalt ist es, im guten wie im schlechten, wie Rom selbst.*[69] Es fällt Pasolini schon schwer, ihm zu schreiben – ein Dutzend Briefe in all den Jahren. Jenes *absolute Gefühl* wird immer schmerzlicher und irrealer: *Du warst die schönste Zeit in meinem Leben, ich werde Dich immer in meiner tiefsten Erinnerung tragen, wie einen Lebenssinn.*[70]

Unter diesem Eindruck der erotischen Befreiung beginnt Pasolini, fast sofort nach seiner Ankunft in Rom, zu schreiben. Der größte Schock war bald überwunden: *Jetzt seit ich in Rom bin, brauche ich mich nur an die Schreibmaschine zu setzen, und ich beginne zu zittern und kann nicht mal mehr denken: es ist, als hätten die Wörter ihren Sinn verloren.*[71] Er beginnt mit kurzen, realistischen Erzählungen aus den Armenvierteln, die in einem neuen Stil und einem neuen Ton *diesen letzten Schrei der Sinnlichkeit*[72] zu erfassen suchen. *Wie? Alle Schranken und Verbote sind also aufgehoben?*[73] ruft er gleich in der ersten Beschreibung dieser Welt aus. Daneben führt er sein lyrisches Tagebuch weiter; davon ist eine kleine Sammlung später mit dem Titel *Roma 1950, diario*[74] erschienen. Er hört in sich hinein, spürt den Verletzungen nach, die ihm seine Ausweisung aus dem Paradies zugefügt hat. Wenn er morgens in seinem armseligen Zimmer aufwacht, noch halb im Schlaf, trifft ihn dieser Schock immer wieder neu. Er empfindet dann seine Homosexualität immer wieder als Schuld, oder er kann es wie ein Kind nicht glauben, daß seine Liebe, seine zärtlichen Gefühle, eine Schuld sein sollen. Doch er ist auch von seiner tiefen

Die Borgate an den Rändern Roms

In den Borgate

Unschuld überzeugt, weil er keinen Haß gegen die empfindet, die seine Liebe unterdrücken.[75] Das Aufwachen in Rom empfindet er als schmerzliche Erkenntnis des Erwachsenwerdens, als *schmerzlichen Duft des Todes*, der ihn vom Glück der Kindheit trennt. Letztlich bejaht er dieses Erwachsensein, wie er Rom bejaht, wenn er die morgendlichen Straßen vor seinen Fenstern als seinen eigenen Körper, als Ausdehnung seines Körpers spürt.

Über seine materielle Lage schreibt er nichts, er erwähnt sie nur gegenüber Freunden, in Briefen. *Ich war arbeitslos, auf einen Zustand wahrer Verzweiflung herabgesunken: ich hätte auch sterben können.*[76] Von seiner Mutter kann er nur *mit Tränen in den Augen* berichten, wie sie *mit einem*

Heroismus und einer Einfachheit ihr neues Leben akzeptiert hat.[77] Auch die wenigen Kontakte, die ein Schriftsteller aus der Provinz hat, konnten ihm bei der Arbeitssuche nur wenig helfen. Er konnte ein paar Druckfahnen korrigieren und brachte einige Rezensionen und Artikel in Zeitungen unter. Eine Freundin verschaffte ihm einige Stunden als Privatlehrer. Er schickte seine Gedichte zu Preisausschreiben, im Sommer 1950 bringt ihm ein zweiter Preis (für ein friaulisches Gedicht) einen guten Monatslohn ein. Er schreibt seiner Mutter: *Ich bin nicht nach Cattolica zur Preisverleihung gefahren, um Mühe und Geld zu sparen.*[78] Später folgen noch einige andere solcher Preise (*Ich erhielt ein Dutzend solcher Preise*[79]), für Gedichte und Literaturkritik. Im Herbst 1950 kann er auch schon seine neuen literarischen Arbeiten in verschiedenen Zeitschriften unterbringen. Es sind die «römischen Erzählungen» über das pralle Leben in den Stadtvierteln, das sie in einer atemlosen und leidenschaftlichen Sprache voller Identifikation festzuhalten versuchen. Doch ist Pasolini auch bereit, alles andere zu machen, zum Beispiel als Komparse beim Film zu arbeiten, beim Film, der damals in Rom noch eine große Industrie war.

Mit der Zeit lernte er mehr Leute aus der Literaturszene kennen, der Kreis der Freunde erweiterte sich. Er konnte am Literaturprogramm des

Mit dem Schriftsteller C. E. Gadda

staatlichen Rundfunks mitarbeiten und lernte Carlo Emilio Gadda kennen, der auch dort arbeitete. Auch Gadda ist ein Norditaliener, der vom Leben Roms fasziniert ist und in seinen Romanen eine Sprache sucht, die dieses unfaßbare Leben fassen kann. Er hatte auch Giorgio Bassani kennengelernt, der ihn mit dem Dichter Attilio Bertolucci bekannt macht, mit dem ihn eine lebenslange Freundschaft verbinden wird – ebenso wie mit dessen Sohn und späteren Regisseur Bernardo. Eine besondere Beziehung hatte Pasolini zu Sandro Penna, ein damals schon arrivierter Dichter, der dieselben erotischen Vorlieben und sexuellen Gewohnheiten hatte: sie gingen zusammen auf nächtliche Abenteuer in die Peripherie und machten sich einen Spaß daraus, ihre Schriftstellerkollegen mit ihren Geschichten zu beunruhigen und zu schockieren. Einer dieser Literaten, die er jetzt kennenlernte, hatte Beziehungen und konnte Pasolini zu einem ersten festen Gehalt verhelfen: als Lehrer in einer von Priestern geleiteten Privatschule am äußersten Stadtrand. Das Gehalt war erbärmlich – immer wieder beklagt er sich in seinen Briefen über die *erbarmungswürdigen fünfundzwanzigtausend Lire*[80] –, doch Pasolini konnte aufatmen. Er begann den Unterricht im Frühjahr 1951 und blieb zwei Jahre. Endlich konnte er sich eine Wohnung mieten und seine Mutter vom Hausmädchendasein befreien. Die Wohnung lag in Ponte Mammolo, an der äußersten Peripherie, wo die vielen Emigranten aus dem italienischen Süden hinzogen, weil sie sich in der Hauptstadt eine bessere Zukunft erwarteten als in ihren Heimatdörfern. Seine Schule lag allerdings genau am anderen Ende der Stadt, so daß Pasolini jeden Tag zwei, drei Stunden in verschiedenen Bussen verbringen mußte. Beide Viertel sind Borgate, Slumviertel, die Rom wie einen «Höllengürtel» umzingeln, dreckige, ungeteerte Straßen, Wellblechbaracken, häßliche halbfertige Mietskasernen. Hier wohnten die Ärmsten der Armen, die ihr Elend und ihr Kampf ums Überleben hierher verschlagen hatte – von überall her. Hier entdeckte Pasolini sein *afrikanisches Rom,* in dem das Leben noch so war, wie es in Trastevere, den typischen Altstadtvierteln, die er bisher beschrieben hatte, noch vor *dreißig, vierzig Jahren* gewesen sein mochte. Dieses geschichtslose Subproletariat verkörpert ihm nun seinen Mythos des Volkes, er überträgt ihn vom Friaul hierher – nicht ohne ihn gründlich zu verwandeln. Diese Verwandlung des Mythos hat mit seinem «Erwachsenwerden» zu tun, damit, gelernt zu haben, die Welt *nicht nur im Herzen, sondern auch vor den Augen zu haben.*[81] Er betonte in dieser Zeit immer wieder, daß Rom ein Neuanfang sei, daß er die Welt völlig anders sehe – vielleicht mehr als sich seine Weltanschauung wirklich geändert hatte. *Die Entdeckung Marx'* hatte er schon im Friaul gemacht, und auch die politischen Reflexionen über das Verhältnis des Intellektuellen (und seiner Dichtung) zum Volk hatte in den letzten Friauler Jahren schon im Mittelpunkt gestanden. Friaul war nicht nur Paradies und Traum, die Borgate nicht nur Alptraum und Hölle. Aber eine innerste Vertrautheit,

Mit Alberto Moravia

eine nicht nur sprachliche Mimikry mit einer Welt, die er mit der Mutter identifiziert hatte, war gebrochen. Dem letzten Glied in der Kette Natur – Sprache – Volk, eine Kette, die einen Kreis bildete, stand nun ein bewußtes Ich gegenüber, das bei aller sehnsüchtigen Bewunderung die objektive Trennungslinie erkannte, ja sogar davon überzeugt war, daß das bewunderte Objekt sich aus seiner Lage befreien mußte. Diese Unmöglichkeit mütterlicher Verschmelzung, grenzenloser Intimität mit seinem sanften, christlichen Friaul erschreckte ihn. Er sieht sich als ein *Fremder und daher definierter Körper dieser Welt*, dieser sinnlichen aber auch gewalttätigen Welt. *Im Norden, wo ich gelebt habe, gab es, so schien es mir wenigstens, im Verhältnis von Individuum zu Individuum immer einen Schatten von Barmherzigkeit, sei es in Gestalt der Schüchternheit, des Respekts, der Angst, der gefühlsmäßigen Anziehung usw.: um sich in einer Liebesbeziehung zu verbinden, genügte eine Geste, ein Wort . . . Hier unter Menschen, die sehr viel stärker unter der Herrschaft des Irrationalen und der Leidenschaft stehen, ist eine Beziehung dagegen immer klar definiert, sie gründet sich auf konkrete Tatsachen: von der Muskelkraft zur sozialen Stellung.*[82] Unter diesen Menschen, *die bis zum Mechanischen sinnlich sind*, regiert ein *akzeptierter männlicher Egoismus*[83]. Das ist die neue *Reinheit*, die Pasolini in den Borgate entdeckt: eine heidnische, naturgewaltige Sinnlichkeit, die nur eine Pflicht kennt, sich selbst zu behaupten, den Augenblick zu leben. *Ich habe die Absicht, zu arbeiten und zu lieben, das eine wie das andere wie verzweifelt*[84], schreibt er an seine Freundin Silvana schon Anfang 1950 – und er löst die beiden Vorsätze ein. Pasolini durchstreift täglich die alten Stadtviertel und die Borgate, beobachtet und studiert das Treiben, er lernt immer mehr *ragazzi di vita* kennen, etwas verwahrloste Jugendliche, die auf irgendwelche Abenteuer und Gaunereien aus sind: ein Auto knacken, eine schlecht bewachte Tankstelle ausrauben, einen Bettler oder eine Prostituierte übers Ohr hauen. Er befreundet sich mit ihnen, läßt sich in ihre Geschichten und Geheimnisse einweihen, zieht mit ihnen herum. Homosexuelle Kontakte sind alltäglich und unkompliziert. Diese vitalen und etwas wilden Burschen mit den drahtigen Körpern und den frechen Gesichtern ziehen ihn unwiderstehlich an, und sie sind jederzeit bereit, mit ihm hinter eine Mauer oder einen Schuppen zu gehen und ihn sexuell zu befriedigen. Sie sind immer fröhlich, und ob sie es aus Spaß oder ein bißchen Zuneigung tun oder wegen der Pizza oder der paar Schuhe, die er ihnen dafür kauft, das will Pasolini selbst nicht so genau wissen. Es kommt kaum vor, daß er zweimal zum selben Jungen sexuelle Kontakte hat. Mit einigen Jugendlichen verbindet ihn richtige Freundschaft. Freundschaft und Sexualität schließen sich aus. Einer dieser römischen Freunde der ersten Stunde ist Sergio Citti. Er war siebzehn, achtzehn Jahre alt und erst vor kurzem aus einer «Jugendbesserungsanstalt» entlassen worden. Wenn er nicht arbeitslos war (er war Anstreicher), verdiente er mehr als Pasolini und hat wohl öfter die gemeinsame Pizza bezahlt. Er kannte das Leben der Borgate wie seine Hosentaschen, war über die neuesten Ausdrücke ihrer Sprache, die oft mehr Geheimsprache als Dialekt war, auf dem laufenden. Es störte ihn nicht, wenn Pasolini immer den Notizblock neben sich liegen hatte und immer mal was reinschrieb: sprachliche Wendungen, Beobachtungen zu Mienen, Gesten. Pasolini erzählte ihm, daß er Schriftsteller sei; Sergio Citti sagte, er schreibe auch, kleine Geschichten, auch wenn er die Volksschule nicht beendet hatte.

*Der junge
Sergio Citti*

Beide gaben dem wenig Bedeutung, Pasolini – «er professò», «er Pàsola», wie sie ihn nannten – fragte halt oft ein bißchen viel, aber das störte nicht weiter. Sergio Citti hatte den Eindruck, wie er später sagte, aus seinen Fragen viel zu lernen. Im Äußeren unterschied sich Pasolini von seinen *ragazzi di vita* wenig, er kleidete sich wie sie, trat lässig und sportlich auf. Sein auffallendstes Merkmal war eine dunkle Brille, die ihm der Arzt zur Schonung der Augen empfohlen hatte. Sie wurde später sein «Markenzeichen», vor allem für die Skandalpresse, die darin ein Zeichen der Verruchtheit und der Verstellung sehen wollte. Daß er ein Schriftsteller war, nahmen seine Freunde erst wahr, als sie ihren «Giacche Palanze» (so nannten sie ihn wegen seiner Ähnlichkeit mit dem Schauspieler Jack Palance) in der Zeitung sahen. Der Prozeß um den Roman *Ragazzi di vita* machte aus dem «skandalösen» Pasolini ein journalistisches Dauerthema.

Als Pasolini sein römisches Wörterbuch Sergio Citti wieder mal brauchte, für weitere Projekte, wurde die Freundschaft zu ihm enger, und sie blieb es für immer. *Er ist der einzige wirkliche Freund, einer von jenen Freunden, auf die man zählen kann, wenn du krank bist, wenn du in Gefahr bist, wenn du krepierst.*[85] Später wurde Citti ständiger Mitarbeiter bei seinen Filmen, seine ganze Familie spielte in diesen mit; sein jüngerer Bruder Franco wurde Pasolinis berühmtester Schauspieler.

Am anderen Ende der Stadt ging derweilen die Arbeit in der Schule weiter. Es war dasselbe Milieu wie in Ponte Mammolo: eine Welt am Rande der Geschichte, oder außerhalb der Geschichte, wie Pasolini sagte. Er sah auch hier nicht nur das Getto, die Gewalttätigkeit, sondern ebenso die unverbrauchte Kraft, die anarchische Freiheit und Sinnlichkeit.

Pasolini nahm seine pädagogische Arbeit wieder sehr ernst. Er versuchte mit Phantasie diesen Kindern die verhaßte Schule etwas erträglich zu machen. Er ließ die Kinder zum Beispiel Lieder und Reime aus ihren Herkunftsregionen sammeln, wohl um ihnen durch die Aufwertung ihrer Heimat ein Gegengewicht zu ihrem jetzigen wurzellosen Dasein zu geben, einen Schimmer von historischem Bewußtsein.

Zu Hause wohnte inzwischen auch sein Vater. Er war ihnen nachgereist, sobald sie irgendwo für ihn Platz hatten. Er erwähnte ihre Flucht mit keiner Silbe. Er redete überhaupt nicht. Von seiner Frau heimlich verlassen, sein Sohn ein Kommunist und Homosexueller, sogar ohne es zu verstecken: was konnte ein faschistischer Offizier dazu noch sagen? Der Offizier war nach dem Krieg vorzeitig pensioniert worden, der Faschist traf sich immer noch mit «nostalgischen» Veteranen. *Und mein Vater immer da, wartend, allein in seiner armseligen Küche, die Ellbogen auf dem Tisch, das Gesicht hinter den Fäusten, unbeweglich, böse, leidend: er erfüllte den Raum des kleinen Zimmers mit der körperlichen Gegenwärtigkeit eines Toten.*[86] Er war zwar stolz auf den beginnenden literarischen Erfolg seines Sohnes, und er freute sich, wenn die bekannten Schriftsteller Gadda, Bertolucci und andere seinen Sohn zu Hause besuchten, bei Wein oder einem kleinen Essen den Abend verbrachten und er mit diesen Herren plaudern konnte. Er war so etwas wie der Sekretär seines Sohnes. Aber Pasolini hatte nunmehr jedes Gefühl für seinen Vater verloren. Er ging mit ihm *hart und abweisend* um, er war ihm und seiner Mutter eine Last, die jede Fröhlichkeit zu Hause zu ersticken drohte. Das Verhältnis der Mutter zu Pasolini hatte sich trotz der Schicksalsschläge nicht verändert, er blieb ihr Kind, ihr ganzer Lebensinhalt. Hoffte sie, es könnte sich alles «zum Guten» wenden, Pasolinis Leben könnte sich noch ändern, auch seine erotische Neigung?

Frauen nahmen auch nach «Ramoscello» (dem friaulischen Prozeß) einen wichtigen Platz in seinem Leben ein. Der Mensch, der ihm in den ersten Jahren noch nach diesen tragischen Ereignissen wohl am nächsten

Mit Laura Betti (rechts) und Adriana Asti in einer Trattoria

stand, dem er sich am meisten anvertrauen konnte, war Silvana Mauri.
Mit ihr war er schon seit der Studentenzeit in Bologna befreundet, mit ihr
war er in Versuta zusammen gewesen, mit ihr hatte er 1947 seine erste
Reise nach Rom gemacht. *Du warst*, schreibt er nach seiner Flucht nach
Rom, *für mich immer die einzige Frau, die ich hätte lieben können, die
einzige, die mich gelehrt hat, was eine Frau ist, die einzige, die ich bis zu
einem bestimmten Punkt geliebt habe. Du weißt, wo diese Grenze liegt;
aber jetzt muß ich Dir sagen, daß ich diese Grenze manchmal, ich weiß
nicht wie und nicht wann, überschritten habe, aber ich habe sie schüchtern,
wie im Wahnsinn überschritten ... Jetzt, hier, dieser Brief, wenn ich ihn
ansehe, erschüttert er mich zutiefst, ich fühle Tränen in den Augen: ich
denke an das, was ich verloren habe, an die Verschwendung meines Lebens, in das ich Dich nicht habe hineinnehmen können.*[87] In Rom lernte er
Mariella kennen, in die, wie Siciliano schreibt, vor allem seine Mutter
«ihre Hoffnungen setzte»[88]. Später wird er in Rom noch bedeutendere
(Liebes-)Beziehungen zu Frauen haben: zur Schauspielerin Laura Betti,

zu Maria Callas. (Die einzige heterosexuelle Beziehung hatte er, nach einem Gedicht zu urteilen, mit einer Prostituierten.[89])

Livio Garzanti, der Sohn des Gründers des angesehenen gleichnamigen Verlags, hatte in einer Zeitschrift *Il Ferrobedò* gelesen, die erste Fassung eines Kapitels aus *Ragazzi di vita*, und veranlaßte ein Treffen mit dem Autor dieser Erzählung. Der Verleger war von Pasolini fasziniert: er bot ihm «das Doppelte» seines jetzigen Lehrergehalts, wenn er den Roman fertigschreibe. Pasolini verließ die Schule, und 1955 erscheint *Ragazzi di vita* bei Garzanti. Dieser Roman war sein erster «Durchbruch», er hatte es geschafft: er wurde bekannt, und er konnte von seiner Schriftstellerarbeit leben.

Der Ausdruck *ragazzi di vita*, wörtlich «Lebe-Jungen», ist eine Erfindung Pasolinis. Aber er schuf mit seinem Roman nicht nur ein neues Wort, sondern eine ganze Welt der Ausgeschlossenen und Vergessenen, eine Welt, die man fortan auch «pasolinisch» nannte. Von deren Existenz hatte bisher ein Italien, das sich ganz im Wirtschaftswunder zu verlieren begann, nichts wissen wollen. Diese Borgate waren aber kein Überbleibsel einer versunkenen Welt, sie waren vielmehr ein Produkt dieses Wirtschaftswunders, die andere Seite der Medaille. Pasolini konfrontierte die Öffentlichkeit mit diesem Schatten Italiens, und er konfrontierte die Schriftsteller mit ihm. Die italienische Literatur hatte gerade eine große Zeit hinter sich. Die Resistenza, der Antifaschismus hatten eine äußerst produktive und erfolgreiche Generation von politischen Schriftstellern hervorgebracht. Die Welle dieser volksnahen, typisch italienischen Romane ebbte Anfang der fünfziger Jahre aber schon wieder ab, der «Neorealismus» wurde zu einer sich selbst wiederholenden Bewegung. Als Pasolini diese völlig neue Unterentwicklung, diese «Volkskultur» eines großstädtischen Subproletariats ohne Tradition zum eindringlichen Gegenstand seiner Literatur machte – Moravia und Gadda hatten sie nur zum Schauplatz gemacht –, begann unter den italienischen Intellektuellen eine neue Phase der intensiven Diskussion über neue Formen der politischen Kunst, über Experiment und Politik.

Die Öffentlichkeit reagierte auf seinen Roman mit einer heute kaum vorstellbaren Heftigkeit. Die Anzeige gegen Verlag und Autor – wegen «Veröffentlichung obszöner Schriften»[90] – ging von höchster staatlicher Stelle aus: vom Ministerrat. Es kam nach monatelangen Beschlagnahmungen des Buches zwar zu einem Freispruch – alle großen Namen der italienischen Literatur hatten sich dafür eingesetzt –, aber die Presse hatte ihre Hetzkampagne gegen Pasolini begonnen, und sie wird mindestens zehn Jahre nicht von ihm lassen. Dasselbe gilt für die Gerichte: mehr als dreißigmal wird man ihm noch den Prozeß machen. Pasolini litt immer unsäglich darunter, er bezog diese Verfolgung ganz auf seine Person. *Ich weiß nicht, ob Ihr das Gefühl kennt, unschuldig angeklagt zu sein, ja sogar verurteilt. Ich erinnere mich, daß ich als Kind zwei Alpträume hatte: leben-*

Mit Moravia und Laura Betti, 1958

*dig begraben zu werden und unschuldig verurteilt zu werden. Ich dachte
daran mit der übersteigerten Phantasie dessen, der von Geburt an in seinem
Innersten verletzt ist.*[91] Er konnte diese von allen Seiten anstürmenden
Anzeigen nicht nur als einen Kampf gegen eine bestimmte Politik und
eine bestimmte Literatur sehen, er fühlte sich immer auch persönlich ge-
haßt. *Es handelte sich hier um eine präzise Absicht der Verfolgung (nun ist
dieses schreckliche Wort gefallen).*[92] Seine Flucht nach Rom hatte ja gerade den Sinn, dem Haß zu entgehen, sich nicht zurückzuziehen, sondern
sich der Welt von neuem zu öffnen und sie ganz und vorbehaltlos in sich
aufzunehmen, und von ihr wieder aufgenommen zu werden. Und man hat
den Eindruck, daß er von jedem akzeptiert sein wollte, auch von seinem
politischen Gegner. Seine verzweifelte Suche nach Wahrheit konnte nicht
einen Teil der Gesellschaft draußen lassen. Er konnte letztlich nicht akzeptieren, daß jemand – die Bourgeoisie, die Reaktion – diese Wahrheit
nicht zur Kenntnis nahm. Das hat aber auch tiefere Gründe, in seiner
Geschichte, in seinem Charakter, und kommt in seiner lebenslangen Haßliebe zum Publikum zum Ausdruck. Seine ursprüngliche Verletzung, die
ihm schon in den ersten Lebensjahren bewußt gewordene Fremdheit,
wirft ihn in einer heftigen Reaktion auf sich selbst zurück – siehe die fort-
gesetzte Spiegelbild-Metapher seiner ersten Gedichte –, und er verstößt
die ihn ablehnende Welt seinerseits. (*Vielleicht ist es die Sehnsucht nach*

49

Beim Fußballspiel in der Borgata. Rom, fünfziger Jahre

der vollkommenen Einsamkeit im Mutterleib.[93]) Die Verschmelzung mit einer selbstgewählten mythischen Welt ist ein zeitweiliger Ausweg, doch tritt ihm die «große» Welt immer wieder vor Augen. Und er kämpft gegen diese genau so leidenschaftlich, wie er von ihr leidenschaftlich und vorbehaltlos aufgenommen, anerkannt werden will. Auf diese Prozesse, auf Kritik oder auf ein Nicht-zur-Kenntnis-genommen-Werden reagierte Pasolini immer äußerst verletzt – und darin schien die verborgene Abhängigkeit dieses Unabhängigen deutlich durch, eine Abhängigkeit, die im Engagement nicht aufging.

Er wollte aber auch Erfolg haben, Erfolg, um sich zu rechtfertigen, und um die Andersartigkeit derer zu rechtfertigen, die ausgestoßen waren wie er selbst – und die für ihn der Wirklichkeit um so näher sind, je weiter sie von der herrschenden Kultur, vom Zentrum entfernt sind. Das «andere» Rom, die *ragazzi di vita*, machte er zum Mittelpunkt dieser Welt. Und nach dem «prähistorischen Friaul» war damals wohl nichts dem Zentrum der Macht ferner als der Elendsgürtel, der Rom umschloß.

Pasolinis Roman erzählt das Leben einer Gruppe von Jugendlichen, von den letzten Kriegsjahren bis in die fünfziger Jahre. Genaue Orts- und Zeitangaben, die den dokumentarischen Charakter betonen, die chronologische Abfolge der Ereignisse und eine kleine Gruppe von Hauptpersonen, halten die disparaten und in sich geschlossenen Geschichten zusammen, geben ihnen die Form eines Romans. Ricetto lernen wir schon sehr jung, bei der Ersten Kommunion kennen, wie er gleich nach der Zeremonie mit seinen Freunden in die Stadt eilt, um sich im Chaos der deutschen Besatzung an der Plünderung einer Fabrik zu beteiligen. Mit den paar Lire, die sie für die Beute kriegen, beginnt sich das Schwungrad dieses Vorstadtlebens zu drehen: genauso wie sie ans Geld kommen – durch Diebstahl, Raub, Betrug, Prostitution –, verlieren sie es auch wieder. Dieses Schwungrad dreht sich im Leeren, ziellos, vergeblich. Sie klauen einem Blinden das Erbettelte, machen damit eine Bootsfahrt auf dem Tiber und riskieren für ein ertrinkendes Schwälbchen den Tod im Wasser. Eine typische Szene: Grausamkeit und Barmherzigkeit sind in diesem Leben ohne Identität nicht zu unterscheiden, dem mütterlichen Instinkt nachgeben oder der Lust, einer Kreatur beim Sterben zuzusehen, ist dasselbe. Einige Jahre später ist Ricetto *ein ausgereifter Hurensohn*[94], der die Jagd nach der Lira mit allen Waffen Erwachsener betreibt. Bei einer abstoßenden Hure verliert er am Strand von Ostia seine Jungfräulichkeit: derweil werden seine Mutter und ein kleiner Freund von einem einstürzenden Haus erschlagen. Pasolini stellt dieses Ende der Kindheit, in der der Wunsch nach Mütterlichkeit ein Schutz gegen die Anonymität und die Gewalt bedeutet, nicht ohne Rührseligkeit dar. Für unbewußte, spontane Moralität, für Trauer ist nach diesem Lebensabschnitt kein Platz mehr. Um das Motiv des gefundenen und wieder verlorenen Geldes ranken sich auch die anderen wiederkehrenden Motive: nächtliche Raubzüge in die Stadt, Messerstechereien, die bösen Scherze, die man noch Elenderen spielt, das Gefängnis, das böse Ende der Freunde, die Prostitution mit «Schwulen», Mord und Selbstmord, der Besuch im Freudenhaus, das Baden im dreckigen Fluß, das Kino, die wilden Spiele und Angebereien, die Lieder. Im letzten Kapitel laufen alle Fäden wieder zusammen – und der Tod ist allgegenwärtig.

Das tragische Ende der Freunde Ricettos im Fluß, in dessen Fluten sie sonst ihre Scherze getrieben hatten, ist ein Spiegel seines eigenen Endes: er endet im Kleinbürgertum, im Verrat seiner ursprünglichen Welt. Tod oder Integration scheinen die einzigen Entwicklungsmöglichkeiten dieser Jugendlichen zu sein. Und der eigentliche Protagonist dieses Romans, die kranke Stadt, geht in düsteren Farben unter.

Diese wenigen Sätze lassen zwar den Inhalt des Romans – den monotonen Reigen um Geld, Sex, Hunger, Tod – erahnen, nicht aber die Gründe für das große Aufsehen, das er bewirkte. Der Inhalt (der allerdings auch absolut neu war) ließe auf einen engagierten Roman schließen, der auf vergessenes Elend aufmerksam macht – das tut er auch. Aber nicht was er sagte, sondern wie er es sagte, provozierte die Ablehnung, den Skandal. Pasolinis *ästhetischer Experimentalismus* jener Jahre experimentiert hier mit dem im weitesten Sinne «naturalistischen» Roman, mit seiner Form, mit seiner Sprache. Dieses sprachliche Experiment (das mich von Übersetzungen absehen läßt) baute auf Pasolinis anthropologischen und linguistischen Studien auf. Sie hatten vor allem in vielen Erzählungen voller Dialoge ihren Niederschlag gefunden, aber auch in fast wissenschaftlichen Betrachtungen.

Die Familien (die von den alten Stadtvierteln in die Borgate ziehen) regredieren nicht nur im sozialen Leben, sondern vielleicht auch in der Zeit: die Laster des familiären Zusammenlebens verschärfen sich. Aber sie tragen den Adel der Kaste, in der sich die Plebs, das römische Subproletariat im Laufe der Jahrhunderte eingeschlossen hat. Ein Bürgerlicher kann sich die Abgeschlossenheit und Selbstgenügsamkeit dieser Kaste gar nicht vorstellen: sie lebt ein modernes Leben nur mit Modernen (mit den Bürgerlichen, den Herren, den Fremden, dem sehr komplexen und weitschweifigen Leben Roms), während sie, wenn sie unter sich ist, in eine Sprache, in eine Lebensform mit ihresgleichen eintaucht, die nicht von dieser Zeit ist. Dieser Anachronismus ... dieses Leben außerhalb des Gesetzes gleicht etwas dem der reinsten Zigeuner, der Stämme. Wo die Konventionen von den Regeln eines primitiven Egoismus diktiert werden ... kann sich kein christliches Bewußtsein ausbilden, schon gar kein soziales ... Auch die Gewalttätigkeit der Lebensfreude beweist, daß sie nicht wirklich Gesundheit bedeutet. Die Sprecher sind nie Erfinder, ihre wunderbare Reinheit ... besteht in der Anpassung an wenige Dutzende von Tonlagen des Dialekts, bis die eigene Stimme ihn zu erschaffen scheint, und nicht nur mit ihm mitschwingt. Aber im Römer gibt es eine gewisse Distanz zwischen seiner Natur und seinem plebejischen Verhalten. (In dieser Distanz, auf einem Untergrund ständiger neurotischer Leidenschaft, sentimentaler Schroffheit, kann sich ein Exhibitionismus entfalten, in den Faulheiten und Zornausbrüchen, in den Aufregungen und Depressionen.) Der Junge und der Mann des Volkes beobachten sich selbst: im Unterschied zu anderen plebejischen Gruppen, bei denen zwischen dem Einzelnen und dem Typ kein Abstand ist ... Er lebt immer in einem Ballett (seine Haltung, wenn er auf den Bänken der Tram, auf einem Mäuerchen «hingefläzt» sitzt, wenn er sich an den Türpfosten einer Bar oder eines Friseurladens lehnt, wenn er durch einen Kinosaal zur Toilette geht, wenn er mit seinen Freunden an der Straßenecke seine Späße macht, usw.)...[95]

Diese (hier zufällig ausgewählten) Beobachtungen finden sich dann im Roman wieder – aber in einer auf die Spitze getriebenen sprachlichen Mimesis. Pasolinis Roman ist die «Tonspur eines Films», wie Gadda sagte. Die Sprache kommt oft wirklich zum bloßen Ton herunter, automatisches, sinnentleertes Reden, sich bemerkbar machen, dazugehören, Sprache auf der tiefsten Stufe der Regression. Man warf Pasolini mechanisches Registrieren vor, er hätte einfach das Mikrofon in die Borgate gehalten; man warf ihm gleichzeitig einen dekadenten Gefallen daran

vor, ein ästhetisches Spiel mit dieser Sprache und dem hypnotischen Sog, der von ihr ausgeht. Für Pasolini ist dieses degenerierte, arme, fast irre Sprechen, seine reine *Mündlichkeit*, der einzig verbliebene Widerstand gegen die offizielle, bürokratische, geschriebene Sprache einer totalitären Konsumkultur – aber auch eines erstarrten Marxismus. Die Sprachbarriere schützt noch einen Rest von «Natur», von unterirdischer und archaischer Kultur vor dem endgültigen *Wärmetod* der Eindimensionalität. (*Man muß die Dinge unmittelbar, physisch zur Sprache bringen.*[96]) Diese Nicht-Sprache der Dialoge bedarf aber weiterer sprachlicher Mittel, um einen Roman daraus zu machen. Die Kritik zählte bis zu sieben sprachliche Register, man muß aber mindestens neben dem Dialekt noch zwei unterscheiden: eine poetisch-beschreibende, höchst differenzierte Hochsprache und eine Mischform dieser sprachlichen Gegenpole, die in Form einer freien indirekten Rede die Dialoge verbindet. Dieser Mehrsprachigkeit entsprechen ebensoviele Blickwinkel auf die Realität, den sprachlichen Kodizes entsprechen moralische Kodizes, der sprachliche Widerspruch bringt einen realen Widerspruch zum Ausdruck; aber keinen Widerspruch zwischen Gut und Böse, zwischen Rationalität und Barbarei, denn auch die poetische Sprache, die subtilen lyrischen Evoka-

53

tionen des Dichters drücken unmittelbare Leidenschaft aus, befinden sich im Gegensatz zum Universum der Kommunikationssprache – und die Leidenschaft ist Poesie.

Diese Aufhebung von Gut und Böse, der Verzicht auf eine psychologisch gestaltete, individuelle Hauptfigur war für den italienischen Roman, für den neorealistischen zumal, völlig neu. Der Held ist die Borgata, die *Barbarei*, von der Pasolini sagt, sie sei *das Wort auf der Welt, das ich am meisten liebe*[97], die Barbarei eines *vorkatholischen Rom, mit ihrer epikureischen, stoischen Mentalität.*[98]

In diesem Universum des Unbewußten, des unzensierten Lebens, werden die Romanfiguren aber vom Geld, dieser gesellschaftlichen Hieroglyphe par excellence, in einen heillosen Kreislauf getrieben, der durch eine ebenso «unbeherrschte», wegwerfende Sexualität beschleunigt wird. Die Nacht und das Wasser sind die unheilvollen Elemente, in denen der Roman spielt – aber der unausweichliche Tod im Wasser kann auch als Geburt verstanden werden, als eine tragische Geburt, als einzige Alternative zum Tod im Kleinbürgertum.

Die Kommunistische Partei und die linksgerichteten Kritiker lehnten den Roman ab, sie rechneten ihm das Fehlen jeder Perspektive, jeden Klassenbewußtseins vor, die Entfernung der Revolution in ein mythisches Jenseits. Ein Vorwurf, der Pasolini, der in der KPI die einzige Alternative sah, sehr traf. Im nächsten römischen Roman, *Una vita violenta*[99], forcierte Pasolini diesen Mythos im Sinne einer kommunistischen Ideologie, versuchte er, ihm eine politische und revolutionäre Perspektive zu geben. Doch der Tod, wenn auch der Heldentod, stoppt auch hier den Aufstieg der Hauptfigur in die Welt der Rationalität, des Bewußtseins. Auch das frischgebackene KPI-Mitglied Tomasino ertrinkt in den Fluten desselben schmutzigen Wassers: nur der Tod kann die Reinheit der *ragazzi di vita* retten.

Pasolini hatte für diese Romane also die Lehrerstelle aufgegeben und war nur noch Schriftsteller. Das bessere Einkommen erlaubte (1954) einen Umzug in die Stadt, in ein Appartement in Monteverde Nuovo (Via Fonteiana 86). Die Umgebung war jetzt bürgerlich oder kleinbürgerlich, die große Lehrzeit im «Schoß des Volkes», im ländlichen Friaul und in dem subproletarischen Rom war zu Ende. Das neue Milieu war für seine Eltern, besonders für den Vater, eine Erlösung. Die römische Literatenszene wird nun, ob er es will oder nicht, zu seinem obligaten Umgang. Er schreibt ja nicht nur am Roman, sondern arbeitet bei verschiedenen Zeitschriften mit, gibt mehrere Anthologien heraus, vor allem die beiden großen zur *Dialektdichtung im 20. Jahrhundert*[100] und zur *Volksdichtung*[101], zu denen er umfassende theoretische Einleitungen schreibt. Er ist also im literarischen Geschäft und die beruflichen Beziehungen vergrößerten auch den privaten Freundeskreis in der «Szene». Mit dem großen Erfolg der *Ragazzi di vita* und mit den ersten Prozessen gegen ihn wurde Pasolini unweigerlich zum Mittelpunkt dieser Szene – die ja mehr als eine Szene war, Teil einer zunehmend lebendigen Opposition gegen eine staatliche Recht-und-Ordnung-Politik. Der literarische Erfolg und die Bekanntheit seiner Person hielten sich die Waage, wobei er letzteres nur zum Teil «genießen» konnte, da vor allem zu Anfang seine Persönlichkeit mehr berüchtigt als berühmt war. Für den größeren (wenn auch nicht besseren) Teil der Presse war «pasolinisch» ein Synonym für soziale Abweichung und Laster.

Die Diskussion innerhalb der Linken über eine neue Literatur, über eine umfassende neue politische Kultur erlebte in jenen Jahren eine Blüte. Pasolini war einer ihrer Wortführer, und er gründete zur Unterstützung seiner Position 1955 die Zeitschrift *Officina*. Er gab sie zusammen mit seinen alten Bologneser Freunden Leonetti, Roversi, Fortini heraus, mit denen er schon im Gymnasium zusammengearbeitet hatte. In dieser *Bologneser Werkstatt* arbeiteten selbstverständlich auch seine besten römischen Freunde mit: Gadda, Bertolucci, Bassani, Penna. Ein böses Epigramm Pasolinis über Papst Pius XII. beendete 1959 die erfolgreiche Zeitschrift. Der Verleger zog seine Finanzierung zurück. Es hatte unter anderem auf die vom Petersdom aus sichtbaren Slums angespielt: *Spricht in deiner Religion niemand von Barmherzigkeit. / Tausende von Menschen haben unter deinem Pontifikat / vor deinen Augen in Pferchen und Schweineställen gelebt. / Du wußtest es / sündigen heißt nicht, das Böse tun: / nicht das Gute tun, das heißt sündigen ...*[102] An harten Auseinandersetzungen hat es auch die Jahre vorher nicht gefehlt. Pasolini war Mittelpunkt vieler literarischer und politischer Polemiken. Es wundert nicht, daß ihn eine enge Freundschaft mit der anderen Zentralfigur der römischen Szene, mit Moravia, verband, der es ebenso verstand, immer ins Schwarze zu treffen. Die Freundschaft dieser beiden sehr verschiedenen Männer – Moravia, ein kühler, unerbittlicher Rationalist; Pasolini, ein leidenschaftlicher Vitalist – dauerte ein Leben lang. Schon vorher hatte Pasolini Moravias Frau kennengelernt, die Schriftstellerin Elsa Morante, die ihn zu leidenschaftlichen Diskussionen provozierte. *Wir treffen uns fast jeden Tag, und es gibt mir jedesmal ein Gefühl, als wäre Sonntag, oder als kämen wir von einer langen Reise heim ... Fast jeden Abend wirft sie mich in der Arena der Literaturideologie aus dem Sattel ... auf anderen Gebieten läßt sie mich nicht nur reiten, sondern auf dem Pegasus fliegen.*[103]

Sonst war Pasolini nicht sehr gesprächig. Seine weiche, hohe Stimme, die merkwürdig zu seinem männlichen, fast kantigen Aussehen kontrastierte, hatte einen sanften, beschwichtigenden Ton. Ein leises Vibrieren in der Stimme und der Kontrast zu seinem Äußeren lassen eine innere, versteckte Spannung spüren. Pasolini traf Moravia und Elsa Morante fast täglich in ihren «Stammkneipen», den Trattorie im alten Rom, zum Abendessen. Pasolini soll schnell und gierig gegessen haben, «wie ein Bauer» – vielleicht wie der Renaissance-Maler in seinem Film *Decame-*

Als Drehbuchautor mit Giorgio Bassani in Gröden

ron, den er selbst gespielt hat. In der Unterhaltung, zu der sich meist auch der eine oder andere Schriftsteller gesellte, begnügte er sich mit wenigen Bemerkungen. Pasolini hatte, wie er selbst sagte, etwas Mönchisches[104], vor allem in den aus harter Arbeit bestehenden Vormittagen. Das Schlimmste war für ihn, wie er in Briefen sagte, wenn er nicht *wie ein Tier* arbeiten konnte. Man aß spät im Hause Pasolini, weil er bis zwei, drei Uhr sein Arbeitszimmer nicht verließ. Dann aß er oft mit seiner Mutter allein (*diese stumm verzehrten Mahlzeiten, fast als würden wir alle Schmerzen wiederkäuen, aufgestaute Ängste herunterschlucken und eine große Zuneigung; schmerzhaft aber auch diese, so groß ist sie*[105]). Um seine persönlichen Angelegenheiten, Haushalt, Wäsche usw. durfte sich nur seine

Mutter kümmern. Er selbst war in diesen Dingen des täglichen Lebens völlig unfähig, er konnte nicht einmal Kaffee kochen.

Zu all der eigentlichen Arbeit: Gedichte, Romane, die Zeitschrift *Officina*, kam in den fünfziger Jahren noch eine ständige Auftragsarbeit an Drehbüchern dazu. Er verstand diese Arbeit vor allem als Broterwerb und sie war ihm oft sehr lästig, vor allem das organisatorische und finanzielle Drum und Dran. *Der Film ist grausam und es herrscht die Moral des Dschungels.*[106] Zwischen 1955 und 1960 hat er dreizehn Drehbücher geschrieben oder daran mitgearbeitet. Er begann mit einem Drehbuch für Mario Soldati und mit einem für Luis Trenker, wofür er einige Monate ins Grödner Tal mußte. Er wurde dann vor allem Spezialist für Dialoge und Szenen in der Halb- und Unterwelt. Mit dem Geld für die Drehbucharbeiten an Fellinis «La notte di Cabiria» kaufte er sich sein erstes Auto, einen kleinen Fiat. Später fuhr er dann auffallendere Autos, solche, die den Jugendlichen aus den Borgate gefielen, Alfa-Romeo-Sportwagen. Kurze Zeit fuhr er sogar einen regelrechten «Rennwagen». Auch in der Kleidung paßte er sich den Jugendlichen an. Pasolinis harte und rituelle Arbeitstage hatten ebenso rituelle Unterbrechungen. Am frühen Nachmittag spielte er mit den Jugendlichen auf verlassenen Grundstücken oder auf Sportplätzen Fußball; oder er fuhr, wenn es heiß war, nach Ostia ans Meer, wo sich das einfache Volk zur täglichen «Sommerfrische» traf. Diese Fußballspiele und das Umgebensein von diesen Leuten waren ihm sehr wichtig. Für den Fußball ließ er auch wichtige Termine «sausen» ... Die nächste rituelle Unterbrechung der Arbeit oder der «offiziellen» Abendessen in den Trattorie folgte dann am späten Abend: *und nachts unterwegs wie ein räudiger Kater / auf der Suche nach Liebe ...* [107] *Ich bin unterwegs bis mindestens zwei Uhr nachts: Ich geh durch die Borgate und durch die ausgehungertsten Peripherien.*[108] Hier begannen seine nächtlichen Streifzüge, auf denen er seine Jungen traf. Es mußte immer derselbe Typ sein, fröhlich, verwegen. Er fuhr mit der Straßenbahn bis zur Endstation, später mit dem Auto, streifte ein wenig herum, mischte sich unter die herumstehenden Jugendlichen und wurde schließlich mit einem von ihnen einig. Die Sexualität blieb unkompliziert wie eh und je: *Ich kann nicht nur einen lieben ... Für sie nur brennt in mir das Fleisch ... Besser der Tod, als darauf verzichten.*[109] Der Zauber, den die subproletarischen Jugendlichen auf Pasolini ausübten, begann mit der wirtschaftlichen Entwicklung aber langsam zu verblassen. Das Wirtschaftswunder Ende der fünfziger, Anfang der sechziger Jahre ging auch an den Borgate nicht spurlos vorüber, seine Verlockungen saugten auch diese Welt langsam auf. Er beobachtete das voller Angst. Er sah darin schon das, was er später den *anthropologischen Völkermord* nennen wird – und er sah darin auch ein ganz privates Problem: die jungen Bourgeois fand er glatt, marionettenhaft, abstoßend. Das wohl einzige Mal, wo er eine erotische Anziehung zu einem *Bürgerlichen* empfand, war eine große Enttäuschung.

Massimo Ferretti war ein zwanzigjähriger Dichter, den Pasolini entdeckt hatte, in seiner Zeitschrift *Officina* veröffentlicht und besprochen hatte. Seine Beschreibung dieses Autors und seiner Gedichte verwendet Vokabeln, die er sonst der nicht-bürgerlichen Welt vorenthält: *Der Fall dieses Zwanzigjährigen, eines durch eine rheumatische Herzkrankheit traumatisierten und folglich seiner selbst innegewordenen Mannes, ist wirklich einzig, prähistorisch mehr als prägrammatisch, trotz seiner außerordentlichen Reife ... Niemand käme auf den Gedanken, seine Reinheit in Zweifel zu ziehen ... sein Experimentieren ist nichts anderes als ein Sich-Festkrallen am Leben: eine einzige Geste also, die unbedingt anders sein muß, um zu gelten. Und weil das Leben ihn ausschließt, ihn isoliert, gibt der «Gezeichnete» es mit um so stärkerer Liebe. Betäubt durch das hohe Konzert von Angst und Freude, das sein Verhältnis zum Leben ist, fühlt er die Entartung der Sprache, der gesellschaftlichen Verhältnisse, der Kultur.*[110] Als zu dieser Bewunderung und Freundschaft auch eine sexuelle Anziehung kam, reagierte Ferretti befremdet, wie ein «entrüsteter Philister», wie er in einem Brief selbst sagt. Später kam sogar Feindseligkeit zwischen ihnen auf.

In dieser Zeit, Ende der fünfziger Jahre, begann auch die Freundschaft mit Laura Betti, die mehr als eine Freundschaft war: eine Beziehung, die sein Leben lang hielt (für viele war sie «seine Frau»). Laura Betti, die

Laura Betti probt Pasolinis Liedertexte

Der Dichter zur Zeit der «Officina»

heute das Pasolini-Archiv, den «Fondo Pasolini» betreut, war Schauspielerin und Sängerin. Pasolini hat Texte für ihre Lieder geschrieben.[111] Sie war (und ist es noch) eine ausgreifende Persönlichkeit, mit einem aufsehenerregenden, theatralischen Habitus. Sie wollte immer der Mittelpunkt der Gesellschaften, der Szene sein, wollte sich mit berühmten und außergewöhnlichen Leuten umgeben, Pasolini mußte ihr gefallen. Ihre Wohnung in der römischen Altstadt war eine mondäne Adresse: was Rang und Namen hatte und nicht konventionell war, ging dort aus und ein. Bei ihren Abendessen ging es hoch her und bunt durcheinander. Pasolini hat das wohl amüsiert, wahrscheinlich auch entlastet. Sie nahm ihm gesellschaftliche und gesellige Verpflichtungen ab, die man von einem so exponierten Mann wie ihm erwartete. In ihrer Zuneigung war Fürsorge, die bei seiner Ungebundenheit sehr wichtig war. Pasolini bewunderte – wenn auch nicht ohne Ironie – diese vitale Frau, nahm das ganze «dolce vita» drum herum aber sicher weniger ernst als deren Hauptakteure. Die Leichtigkeit des Lebens war seine Sache nicht, er gehörte nie ganz dazu – zu den friaulischen Bauern nicht, und zur *dolce vita* auch nicht.

Verdankte Pasolini den Romanen seine Bekanntheit, so begründeten seinen Ruhm als großer Dichter *Le ceneri di Gramsci*[112] (*Gramsci's Asche*), die Gedichtsammlung von 1957. Es sind lange Gedichte, zuweilen über

59

hundert Terzinen, in einem hohen Ton und einer allzu literarisierten Sprache geschrieben, trotzdem in einem fließenden, fast prosa-ähnlichen Rhythmus. Ihr Grundthema ist, wenn man es auf eines reduzieren wollte, Pasolinis innerer Kampf zwischen Leidenschaft und Engagement, zwischen Instinkt und Geschichte. Antonio Gramsci ist die große Figur des italienischen Sozialismus, in seiner Jugend der revolutionäre Kämpfer, später der Gründer der italienischen Kommunistischen Partei. Mitte der fünfziger Jahre begannen die ersten Bände seiner «Briefe aus dem Gefängnis»[113] zu erscheinen, in denen der zu lebenslanger Haft verurteilte Gramsci, in völliger Einsamkeit, einen äußerst fruchtbaren, auf den kulturellen Traditionen des Volkes gründenden Marxismus entwarf. *Gramsci's Asche* ist auch der Titel eines der Gedichte aus der Sammlung und mit *Il pianto della scavatrice* [Das Weinen des Baggers] wohl eines der gelungensten.

Das Gedicht beginnt langsam, beschreibt minuziös Stimmungen und Eindrücke, die der Dichter, wie plötzlich erwacht, um sich wahrnimmt: *Nicht nach Mai riecht diese unreine Luft, / die den dunklen Garten der Fremden / noch dunkler macht ...*[114]

In diesem *tödlichen Frieden*, in dem sich, *das Ende eines Jahrzehnts voller naiver Anstrengung, das Leben wieder neu zu beginnen*[115] offenbart, trifft er unvermutet auf einen Schatten, einen Schatten aus jener heroischen Zeit: er hält vor einem Grab, auf dem nur *Gramsci's Asche* steht. Er erkennt sich im Toten wieder (*tot, du, aber tot auch wir, mit dir*[116]) und hat sofort ein Gefühl der Liebe für ihn. (*Oder ist's etwas anderes, ekstatisch vielleicht / und bescheidener, trunkene Symbiose / von Lust und Tod im Jüngling.*[117]) Doch diese Liebe ist mehr als diese «krankhafte» Anziehung: sie ist auch die Liebe zu seinem toten Bruder, der ebenfalls als junger Märtyrer gestorben war – und es ist die Liebe zu sich selbst. (*Siehst du? Du darfst nur an diesem fremden Ort ruhen, immer noch verbannt.*[118]) Der «problematische» Gramsci zwischen der dekadenten Atmosphäre seines Gartens (die Gräber der *Milliardäre größerer Nationen*, der *ironischen Prinzen, der Päderasten*, deren eingeäscherte Körper *noch nicht keusch sind*[119]) und der Geräuschkulisse des proletarischen Stadtteils, ist Pasolinis Spiegelbild. Das Ich des Dichters rückt jetzt immer mehr in den Mittelpunkt. Gramsci wird vom Dichter immer mehr verdrängt. *Wenn ich die Welt liebe, so nur aus heftiger und naiver sinnlicher Liebe ... Ohne deine Strenge, überlebe ich, weil ich nicht wähle.*[120]

Pasolini gesteht seine Schwäche ein (*ohne deine Strenge*), beharrt aber auf seinem persönlichen, unbewußten Verhältnis zur Welt (*der dunkle Skandal des Bewußtseins*).

*Die Schmach, mir zu widersprechen, für dich zu sein
und gegen dich; mit dir im Herzen,
im Licht, gegen dich im dunklen Gedärm;*

meines väterlichen Staates Verräter
– in Gedanken, in einem Anflug von Aktion –
weiß ich mich ihm verbunden in der Wärme

des Instinkts, der ästhetischen Leidenschaft;
angezogen von einem proletarischen Leben,
das älter ist als du, dessen Fröhlichkeit

mir Religion ist, nicht sein tausendjähriger
Kampf: seine Natur, nicht sein
Bewußtsein ...

Arm wie die Armen, klammere ich mich
wie sie an beschämende Hoffnungen,
und wie sie schlag ich mich jeden Tag

um das Leben. Doch in meinem trostlosen
Stand des Enterbten
besitze ich: und es ist das höchste

der bürgerlichen Güter, der erhabenste
Stand. Doch wie ich die Geschichte besitze,
so besitzt sie mich; sie erleuchtet mich:

aber wozu denn Licht? [121]

In der nächsten Strophe wird die Lebens-Sicht des «Ich» noch einmal verteidigt, die *gemeinen, vorgeburtlichen Laster*[122], es wird Shelley zitiert, der neben Gramsci liegt, und es wird, wie schon in anderen Gedichten der Sammlung, die Schönheit und Kraft Italiens, seiner Küsten und seiner Berge, und die sinnliche warme Kraft seines Lebens beschworen, um in der Frage zu enden: *Wirst du von mir, schmuckloser Toter, verlangen, / zu lassen von dieser verzweifelten / Leidenschaft: in der Welt zu sein?*[123]

In der letzten Strophe verabschiedet sich der Dichter von Gramsci. Im *traurigen, für uns Lebende* so *süßen* Licht des Abends, besiegen die fernen Klänge des «Testaccio», die machtvolle Vitalität des Volkes, allmählich den leblosen Frieden des Parks. Noch einmal beschwört er die bekannten Topoi seines Mythos vom *animalischen* Leben des Volkes – um mit einer verzweifelten Frage zu enden:

Das Leben ist ein Rauschen, und diese,
die sich darin verlieren, verlieren es heiter,
wenn ihr Herz davon erfüllt ist: siehst du sie,

ärmlich, den Abend genießen: und mächtig
kehrt in ihnen, den Schutzlosen, für sie
der Mythos wieder ... doch ich, mit dem wissenden Herzen

dessen, der in der Geschichte allein das Leben hat,
werde ich je noch aus reiner Leidenschaft etwas schaffen,
wenn ich weiß, daß unsere Geschichte zu Ende ist? [124]

Die Kraft dieses Gedichts, seine genauen und spontanen Bilder, sind vielleicht nicht zuletzt in seiner «Einseitigkeit» begründet: Pasolini «läßt sich gehen», läßt seinen Identifikationen mit dem mythischen Volk freien Lauf. Das instinktive, irrationale Leben des demütigen Volkes ist für ihn das Heilige und gleichzeitig das Revolutionäre. Gramscis «Ideologie» ist für den Dichter nicht viel mehr als ein Stachel in seinem Fleisch – und die *Ceneri* verstand er nicht als *dialektisch, sondern vielmehr als mea culpa*[125].

Das rationale, politische, historische Element seiner «Weltanschauung», seiner literarischen und kulturpolitischen Programmatik, erhält in den nächsten Jahren, den Jahren der Zeitschrift *Officina*, immer mehr Gewicht. Seine wichtigsten Aufsätze aus dieser Zeit brachte er 1960 als Buch heraus: *Passione e ideologia*[126] (*Leidenschaft und Ideologie*). In einer kurzen Nachbemerkung sagt er noch einmal, wie dieses «und» zu verstehen sei: es bedeute nur am Rande *ideologische Leidenschaft oder leidenschaftliche Ideologie, es will, wenn schon nicht adversativ, so wenigstens disjunktiv sein: im Sinne einer chronologischen Abstufung: «erst Leidenschaft und dann Ideologie» oder besser «erst Leidenschaft, aber dann Ideologie»*[127]. So wird dem Widerspruchspaar etwas von seiner Dialektik genommen (die es in der Lyrik noch hatte), es wird fast kanonisiert – und dadurch beruhigt. Pasolini macht paradoxerweise aus dem Widerspruch fast eine Formel: eine Formel der Literaturkritik und eine Folie, auf der er seine facettenreiche Arbeit und seine widersprüchliche Person zu einem stilisierten Selbstbild einengen will. Dieses Selbstbild drohte «offiziell» zu werden – Pasolini sagt in einem späteren Rückblick: *«Officina» zeichnete sich weder durch Ungehorsam noch durch Extremismus aus: es herrschte die Ruhe der Vernunft, die wiederaufbauend wirkt. Doch es war keine wirkliche Ruhe; oder es war eine Ruhe ohne Berechtigung. In Wirklichkeit schickte sich wer «Officina» redigierte an – potentiell, nur potentiell –, den Platz dessen einzunehmen, den er mit lebendiger Kraft, mit Strenge aber auch mit Respekt kritisierte, d. h. er schickte sich zur Machtergreifung an. «Officina» war, ohne es zu wollen, ein erstes Beispiel intellektueller Machtergreifung ... nur die fundamentale Ehrlichkeit aller seiner Autoren hat verhindert, daß sich diese Möglichkeit verwirklichte.*[128] – In Wirklichkeit war Pasolini sein ganzes Leben lang vom Widerspruch zwischen *Leidenschaft und Ideologie* verfolgt – schon im Friaul etwa zwischen extremer Privatheit in der Lyrik und exponiertem politischem Engagement –, und er hat diesen Kampf immer von neuem und mit ganzer Seele ausgefochten. Dieser Widerstreit war in den fünfziger Jahren, in seinem «ideologischen Jahrzehnt», bestimmt durch die dramatischen Ereignisse des Jahres 1956: der XX. Parteitag der KPdSU, Chruschtschows Eingeständnis der stalinistischen Verbrechen, der Ungarn-Aufstand und der Einmarsch der Roten Armee. Ein sozialistisches Weltbild, ein Mythos der italienischen Linken war zusammengebrochen, die Kommunistische Partei versuchte mühsam sich zu einer «italienischen Linie» zusammenzufinden. Durch die aufgeladene Spannung innerhalb der politischen Linken drängte sich Pasolini das Thema der Ideologie und der Politik wohl erst wieder so richtig auf – nach dem Schock von 1949, seinem Ausschluß aus der Partei. Damals hatte er an seinen Parteigenossen und Freund geschrieben: *Trotz euch bleibe ich Kommunist und werde es bleiben, in der authentischsten Bedeutung des Wortes. Aber wovon rede ich, in diesem Moment gibt es für mich keine Zukunft. Bis heute morgen hielt mich der Gedanke aufrecht, meine Person und meine Karriere der Treue zu einem Ideal geopfert zu haben; jetzt habe ich nichts mehr, an das ich mich anlehnen kann. Ein anderer an meiner Stelle würde sich umbringen; unglücklicherweise muß ich für meine Mutter weiterleben. Ich wünsche auch, daß ihr mit Klarheit und Leidenschaft weiterarbeitet, ich habe versucht, es zu tun. Deshalb habe ich meine Klasse und das, was ihr meine bürgerliche Bildung nennt, verraten . . .* [129]

In Rom standen dann neue Leidenschaften, neue Freiheiten im Vordergrund – bis zur symbolischen Begegnung mit Gramsci und der immer intensiveren und heftigeren Diskussion und Polemik mit den Intellektuellen der KPI. In diesen Polemiken – deren bedeutendste die *Polemiken in Versen* [130] mit Sanguineti war – ging es vor allem um die *Neoavantgarde* (der Pasolini abstrakten Formalismus vorwarf) und um den *Perspektivismus* (einem sozialistischen Realismus Lukácsscher Prägung). Pasolini forderte eine fast klassische Form, stilistische Klarheit – siehe die Terzinen von *Gramsci's Asche*, die der extremen Subjektivität etwas wie einen Halt geben sollen – und die Konzentration des Experiments auf den Inhalt. Unser *stilistischer Experimentalismus . . . hat nichts mit dem Experimentalismus der neuen Avantgarde zu tun – eine eitle und aprioristische Suche nach schon bekannten Neuheiten –, sie setzt vielmehr, durch die Philologie, die Wissenschaft oder zumindest Bewußtheit, die die parallele «nicht poetische» Forschung zu ihm beiträgt, einen Kampf um Erneuerung nicht im Stil, sondern in der Kultur, im Geist voraus. Die Freiheit dieser Suche besteht vor allem im Bewußtsein, daß der Stil . . . kein Klassenprivileg ist: und daß sie wie jede Freiheit unendlich schmerzhaft, unsicher, ohne Garantien, beängstigend ist . . . Diese Folge von Experimenten wird sich schließlich als ein Weg der Liebe erweisen – eine physische Liebe für die Phänomene der Welt und eine intellektuelle Liebe für ihren Geist, die Geschichte: die uns «mit dem Gefühl immer dort sein läßt, wo sich die Welt erneuert».*[131] *Eine politische Haltung, eine schwierige, schmerzhafte und auch demütigende politische Haltung der Unabhängigkeit, die keine historische und praktische Form der Ideologie akzeptieren kann, und die gleichzeitig wie unter einem Gewissensbiß leidet, unter einem undeutlichen und irrationalen moralischen Trauma wegen des Ausschlusses aus jeder Praxis, oder zumindest aus der Aktion*, kann sich nur in Gramsci wiederfinden, *im Gramsci «des Gefängnisses», der um so freier ist, je mehr er aus der Welt ausgeschlossen ist ... auf das reine und heroische Denken reduziert.*[132]

Doch auch diese Hoffnung, die Hoffnung der *Ideologie* und der revolutionären Erneuerung, endet abrupt. Eine rasante ökonomische und soziale Entwicklung Italiens ließ ihm sein ganzes bisheriges Engagement als *lächerlich* erscheinen. Der moderne *Neokapitalismus* unterwarf in seinen Augen alle gesellschaftlichen Bereiche, die Kultur und die Lebenswelt der Italiener, seiner Macht, verwandelte das ganze Land in eine *neue Prähistorie. In dieser schuldigen Welt, die nur kauft und verachtet, / bin der Schuldige ich, in der Bitterkeit verdorrt*[133], sagt Pasolini in einem dieser bösen und bitteren Epigramme jener Zeit. Sie sind in *La religione del mio tempo* (*Die Religion meiner Zeit*) gesammelt, die 1961 erschien. *Ich weigere mich / noch weiter zu leben. Es ist nichts mehr da / als die Natur – in der im übrigen nur der Zauber / des Todes ausgebreitet ist – nichts mehr / von der Welt der Menschen, das ich liebte.*[134]

In diesen Gedichten voller Haß steht der private Pasolini wieder ganz im Mittelpunkt: in der Rolle des Opfers einer degenerierten Welt. Die Provokationen, die in seinen Polemiken steckten, aber im Glauben an eine mögliche Verständigung, einem möglichen gemeinsamen Aufbruch geschrieben wurden, werden jetzt wiederholt – aber im bösen und wie wehleidigen Ton dessen, der von vornherein weiß, daß sie vergeblich sind, daß sie ganz auf ihn zurückschlagen werden. Die fast zur Schau gestellte Autobiographie dieser Gedichte machen aus seiner «Persönlichkeit» einen (neuen) Mythos: der leidende, der gehaßte, der ausgestoßene Dichter; der Märtyrer, das Kind, der Unschuldige, der Gutgläubige, Christus sind seine Figuren. Die Gedichte sind erfüllt von einem hoffnungslosen und traurigen Blick auf die Vergangenheit, auf das unwiderbringliche Friaul und auf ein einstmals lebendiges Italien – und in der Wiederkehr all dieser Motive scheint sich ein Kreis zu schließen. Die ganzen hoffnungsvollen fünfziger Jahre erscheinen als ein nutzloser Umweg. Im darauffolgenden Gedichtband *Poesie in forma di rosa* (*Gedichte in Form einer Rose*) verliert sein Blick auf die Gegenwart diesen nostalgischen Charakter, das Bild wird fast objektiv, kalt. Aber auch dieser Gedichtband – der zu seinen schönsten gehört – beurteilt die Welt nicht aus der Distanz. *Das Buch hat, wenn auch nicht die innere, so doch die äußere Form eines Tagebuchs. Es erzählt das Fortschreiten meiner Gedanken und meiner Gefühlszustände Schritt für Schritt.*[135] Pasolini registriert die Kälte der Macht, die Allgegenwart des Kapitals – der Dichter ist überflüssig geworden: ... *deine Zeit als Dichter ist vorbei.*[136] Sein bisheriges Leben erscheint ihm angesichts dieser Veränderungen als eine Illusion, als ein Irrtum: *Meine einsame, knabenhafte Stimme zu erheben / hat keinen Sinn mehr.*[137] Er stellt nur noch fest: *Ich habe alles falsch gemacht*[138] – ein verzweifeltes Eingeständnis und gleichzeitig eine letzte Kritik an der neuen Welt. *KEINES DER PROBLEME DER FÜNFZIGER JAHRE/ GEHT MICH NOCH WAS AN ... ICH SCHWÖRE DEM LÄCHER-LICHEN JAHRZEHNT AB!*[139]

Ein neuer Anfang: Der Film
(Die sechziger Jahre)

Die lebensgeschichtlichen Krisen zum Ende der vierziger Jahre im Friaul und zum Ende der fünfziger Jahre in Rom waren wohl durch äußere Anlässe und objektive Veränderungen markiert, ja zu einem beträchtlichen Teil verursacht, sie beschließen aber gleichzeitig einen inneren Entwicklungsbogen des Dichters. Die Strafanzeige im Friaul brach wie eine Katastrophe in eine Idylle und in ein erfolgreiches politisches Engagement ein; eine aufmerksame Lektüre der (italienischen) Gedichte des *Usignolo* offenbart uns aber einen Pasolini, dem das intuitive und physische Band zu seinem friaulischen Mythos, und damit zu seinem vitalen Nährboden, ohnehin zu zerreißen drohte. Die Grenzen, das Imaginäre auch, dieser Verschmelzung mit dem «Mutter-Volk», die Widersprüche dieses Weges zur Realität, drängten sich seinem komplexen, unruhigen Geist immer mehr auf. Dem friaulischen Dialekt, als dem reinen, überhöhenden Ausdruck einer reinen Naturwelt, konnte der Dichter des *Usignolo* nicht mehr vertrauen. – Das *lächerliche Jahrzehnt*, die *ideologische Welt* der fünfziger Jahre ging zwar objektiv zu Ende; daß ihm alles Neue aber nur in den schwärzesten Farben, als Ende des Lebens erschien, hat nicht nur mit den gesellschaftlichen Veränderungen allein zu tun. Der Dialekt der Borgate war ihm nicht nur der linguistische Ausdruck einer wiedergefundenen *barbarischen* Welt, einer anderen, freien, er war ihm der einzig mögliche Zugang zur Wirklichkeit. Ein Zugang zur Wirklichkeit diesmal nicht durch einen metaphorischen Gebrauch des reinen Klanges der Dinge, sondern beinahe durch eine «Entsprachlichung» des Dialekts, durch dessen Objektivierung bis zum Identischwerden von Sprache und Realität. Pasolinis ideologische Unzufriedenheit mit dieser bloßen physischen Liebe zur Realität, das langsame Verschwinden dieser Realität selbst, behindern auch diesen Weg zur Wirklichkeit, entziehen seiner *verzweifelten Liebe* das Objekt.

Der Film ist der Ausweg aus dieser Sprachlosigkeit, er ist sozusagen logisch der nächste Schritt: er erlaubt ihm noch einmal eine Annäherung an die Dinge – dem Künstler und damit dem Menschen Pasolini. Das Kino konnte seine neue *Sprache der Realität* werden – eine universelle Sprache der Realität diesmal, nicht nur die eines barbarischen Fragments. Pasolini, von dem Wunsch nach physischer Nähe zur Wirklichkeit besessen, greift intuitiv nach diesem Medium, nach dieser «Sprache». *Die Leidenschaft, die die Form einer großen Liebe zur Literatur und zum Leben angenommen hatte, hat schrittweise die Liebe zur Literatur abgelegt und ist zu dem geworden, was sie wirklich war: eine Leidenschaft für das Leben, für die Realität um mich herum, die physische, sexuelle, gegenständliche, existentielle Realität. Das ist meine erste und einzige Liebe, das Kino hat mich in gewisser Weise dazu gedrängt, zu ihr zurückzukehren und nur diese auszudrücken.*[140]

In dieser Interviewantwort untertreibt Pasolini zwar den Stellenwert, den die Literatur weiterhin in seinem Leben haben wird, aber sie zeigt, wie sehr er sich des Films als eines Rettungsankers in der Krise bewußt ist. *Es war der Wunsch, der Obsession zu entfliehen.*[141]

Inzwischen, 1959, war Pasolini nochmals umgezogen, in die Via Giacinto Chiarini 45, eine «gute» Wohngegend. Sein Vater konnte diesen «Luxus» nicht mehr erleben. – Er war kurz vorher, im Dezember 1958, gestorben. Diese beiläufige Erwähnung seines Todes entspricht etwa der Bedeutung, die er zu der Zeit wohl für Pasolini selbst hatte. Er hat den Tod des Vaters kaum erwähnt, er hat das Todesjahr des öfteren falsch erinnert – er verdrängte ihn. Erst viele Jahre später, anläßlich einer längeren Krankheit, wird er sich mit seinem Vater, mit der Bedeutung, die er für ihn hatte, intensiv auseinandersetzen. Der Tod des Vaters kam auch keineswegs überraschend, seine Mutter und er mußten schon lange damit rechnen. *Seine wirkliche Agonie dauerte viele Monate lang: er atmete schwer und jammerte dabei. Er war leberkrank und wußte, daß es schlimm um ihn stand, daß allein schon ein Schluck Wein ihm schadete, und er trank trotzdem mindestens zwei Liter am Tag. Er wollte sich nicht kurieren, das lief seiner Lebensanschauung zuwider. Auf uns, auf meine Mutter und mich, wollte er nicht hören. Er verachtete uns. Eines Nachts kam ich gerade noch rechtzeitig, um ihn sterben zu sehen.*[142]

Den Ausschlag für den Umzug gab weder sein persönliches Bedürfnis noch seine mittlerweile erlangte öffentliche Stellung, sondern der Wunsch, für seine Mutter etwas zu tun. Ihrer tief empfundenen Gemeinsamkeit, der Mutter-Sohn-Idylle stand nach dem Tod des Vaters nun nichts mehr entgegen: seine Zuneigung sollte die Mutter für alle Entbehrungen entschädigen.

Zu dieser Zeit begann er auch seine großen Auslandsreisen – eine völlig neue Lust, die dieser wie kaum ein anderer mit Italien verwachsene Intellektuelle plötzlich entdeckte. Ende 1960 machte er mit Moravia und Elsa Morante seine erste Reise nach Indien. Das Land wurde für ihn, wie später Afrika, eine große Entdeckung. Seine Eindrücke dieser Reise erschienen zuerst in der Zeitung, dann als Buch: *L'odore dell' India*[143] (*Der Duft Indiens*). Vorher war er kaum ins Ausland gereist: einmal mit zwanzig Jahren als Vertreter der faschistischen Studentenorganisation Bolognas nach Weimar und Mitte der fünfziger Jahre als Delegierter der

KPI zu einem Literaturkongreß nach Moskau. Diese neuen Reisen hängen auch mit der allmählichen Entdeckung eines neuen Mythos zusammen: der Dritten Welt.

Aber 1960 ist seine «Entdeckung Roms» noch nicht völlig abgeschlossen, vielmehr glaubt er, es durch eine neue Technik neu entdecken zu können: durch die Technik des Films.

Er schreibt zwei Drehbücher: *La commare secca* (etwa: *Gevatter Tod*) und *Accattone* und sucht dafür einen Produzenten. Er hat zwar noch nie eine Kamera in der Hand gehabt – *ich wußte nicht einmal, daß es verschiedene Objektive gibt* –, aber er ist von seiner Berufung überzeugt, er «sieht» den Film schon, er will ihn machen. Er sieht eine Produktionsmöglichkeit in der «Fideriz», der gerade von Fellini mit dem Verlagsriesen Rizzoli gegründeten Produktionsfirma. Pasolini war schon seit Jahren mit Fellini, dem damals schon berühmten Regisseur, befreundet, und er hatte auch bei mehreren seiner Drehbücher mitgearbeitet. Fellini erklärte sich bereit, *Accattone* zu produzieren, Pasolini möge ihm ein paar Probeaufnahmen schicken.

Mit einer altersschwachen Kamera, einigen Schauspielern, die noch nie gespielt hatten, im natürlichen (und wechselnden) Licht der Straßen und Plätze der Borgata drehte Pasolini einige Szenen. *Ich habe so, glaube ich, die schönsten Tage meines Lebens verbracht... Ich hätte nie geglaubt, daß Regie zu führen ein so außerordentliches Erlebnis ist... Ich habe in diesen*

«Accattone»

drei Nächten überhaupt nicht geschlafen.[144] Er war mit dem Ergebnis zufrieden und schickte die Aufnahmen der Fideriz. Es folgten Tage großer Unruhe, aufgeregten Wartens. Sergio Citti, der am Drehbuch mitgearbeitet hatte, erzählte, daß Pasolini in den Tagen dieses ungeduldigen Wartens mit ihm oft stundenlang, ohne ein Wort zu reden, durch die Straßen Roms lief. Doch Fellini meldete sich nicht. Pasolini beschloß, unaufgefordert zu ihm hinzugehen. Fellini gestand ihm, daß er mit den Proben nicht zufrieden war, daß man so keinen Film machen könne. (Und in der Tat könnte ein Fellini so keinen Film machen.) Aber Pasolini ließ sich nicht entmutigen. Er beharrte auf seinem Stil, auf dem Stil seiner ersten zwei Szenen. *Wenn ich die Szene nochmals drehen müßte, ja ich würde sie genauso, in diesem Rhythmus drehen: schnell, hingeworfen, hektisch, schlampig, ohne Stimmung und Atmosphäre, den Schauspielern auf den Leib gerückt. Den ganzen Film möchte ich auf diese Art drehen.*[145] Auch ein weiteres Treffen nützte nichts. Fellini gab ihm – auf seine Art – zu verstehen, daß er ihm nicht helfen konnte: mit einem großen Essen, mit großen Worten und großen Gesten. Pasolini machte sich auf die Suche nach anderen Produzenten für *Accattone*, und schließlich, mit Hilfe des

Regisseurs Bolognini, für den er schon gearbeitet hatte, fand er einen: Alfredo Bini. Bini, ebenfalls ein Friauler, wird achtzehn Filme für Pasolini produzieren, nicht nur als Geldgeber, sondern auch als Freund – was bei Filmen, die es nicht nur mit dem Publikum, sondern unweigerlich auch mit Staatsanwälten, Beschlagnahmungen und Prozessen zu tun haben werden, fast eine Voraussetzung ist. Alfredo Bini erinnert sich (in einem fiktiven Brief) an sein erstes Treffen mit Pasolini, nachdem ihn alle anderen Produzenten weggeschickt hatten: «Du warst wirklich verzweifelt. Und weißt Du, wer das gesagt hat? Bolognini! Ich glaube, ich habe Dir das nie erzählt. ‹Sieh mal, Pasolini läuft den Sebastionello-Weg auf und ab, er ist verzweifelt, meines Erachtens stürzt er sich bald die Treppen hinunter› ... Ich habe Dich kommen lassen und wir haben uns das Material, das Du gedreht hast, zusammen angesehen. Es war wirklich häßlich, sagen wir es, wie es ist. Ein unzusammenhängendes Zeug, von einem Sonntags-Amateur gedreht. Aber man verstand, daß er etwas zu sagen hatte ... Es genügte, Dir die richtigen Leute an die Seite zu stellen.» [146]

Aber Pasolini hat sich die «richtigen Leute» wohl immer selbst ausgesucht, ihre Auswahl gehört mit zum Wichtigsten in seinem Verständnis des «Autorenkinos». Die Übertretung der codifizierten Regeln wäre mit Leuten von der Branche, mit Berufsschauspielern, gar nicht möglich gewesen. Sein Berater blieb sein alter Freund Sergio Citti; Assistent bei *Accattone* war der neunzehnjährige Bernardo Bertolucci (der mit seinem Vater im selben Haus wie Pasolini wohnte); die Schauspieler suchte er unter seinen Freunden und Bekannten, je nach Rolle aus den Borgate oder bei den Intellektuellen. Einer der wenigen Fachleute war sein Kameramann Tonino delli Colli, mit dem er fast alle Filme seines Lebens drehen wird – wobei Pasolini immer öfter selbst die Kamera in die Hand nahm, etwa bei einem Drittel der Einstellungen.

Als der Film im Herbst auf dem Festival in Venedig vorgestellt wurde, erregte er großes Aufsehen: leidenschaftliche Ablehnung und große Zustimmung. Was war so neu an diesem Film, wie kam Pasolini zu diesem neuen Stil?

«Accattone» scheint für jemanden, der meine Biographie nicht so von innen kennt wie ich, meine erste kinematographische Arbeit zu sein. Es kann überraschend sein, daß ich so von heute auf morgen einen Film wie «Accattone» gemacht habe, aber in Wirklichkeit habe ich schon als ich in Bologna studierte, das Kino sehr geliebt und ich hatte sogar die Absicht, hierher zum Centro Sperimentale (die italienische Film-Hochschule) zu kommen. Dann kam aber der Krieg und ich mußte darauf verzichten. [147] *Mit 17, 18 Jahren habe ich das erste Film-Drehbuch für die «cine guf», eine faschistische Organisation, geschrieben ... Nach dem Krieg habe ich diesen Jugendtraum, selber Filme zu machen, völlig vergessen.* [148] In der Friauler Zeit war er von Casarsa mit dem Fahrrad nach Udine gefahren, um die neuen realistischen Filme zu sehen, Rossellini vor allem. In Rom

waren es dann vor allem bestimmte Klassiker des Films: Dreyer, Mizogu-chi, Eisenstein, auch Chaplin, die er sehr verehrte. Schon in seinen ersten römischen Erzählungen, als er noch gar nicht ans Filmen dachte, fällt die kinematographische Perspektive auf, werden die Plätze, die Straßen, die Geschehnisse wie durch das Auge einer Kamera gesehen und verfolgt. Er spricht explizit von *Fahrten* und von *Panoramaschwenks*. Die späteren Drehbuchaufträge, die er nur aus Geldmangel akzeptiert hatte, erforder-ten von daher kein großes Umdenken, er mußte nur seinen persönlichen Stil durch eine abhängige äußerliche Schreibtechnik ersetzen. Er war sich bewußt, daß das Drehbuchschreiben eine absolut untergeordnete Arbeit, eine *Neger-Arbeit* ist; je mehr er von sich in dieser Arbeit gab, desto ent-täuschter war er von dem, was der Regisseur daraus machte. *Die Bilder des fertigen Films schienen mir wirklich nicht die zu sein, die ich mir beim Schreiben vorgestellt hatte. Das heißt nicht, daß der Film besser oder schlechter war ...* der Regisseur *machte einfach, wie vorhersehbar, aus meinem Text seinen Text.*[149] Das war sicher ein entscheidender Anlaß, selbst zur Kamera zu greifen, seine eigenen Bilder zu machen – wenn auch sicher nicht der tiefere Grund, der, wie schon erwähnt, in der Technik selbst liegt, in der wiedergefundenen *Sprache der Realität*. Für Pasolini hatte der Unterschied zwischen *Accattone* und den Verfilmungen seiner Drehbücher durch andere Regisseure nichts mit dem Drehbuch zu tun. *Wenn Sie das Drehbuch von «La notte brava» und von «Accattone» lesen, würden Sie wahrscheinlich keinen Unterschied sehen ... Ich habe festge-stellt, daß das Drehbuch – vom Standpunkt des Stils – absolut keine Bedeu-tung hat. Die Wahl der Gegenstände, die Art zu drehen, die Wahl der Schauspieler machen den Stil des Films.*[150] Und über den Stil seines Films war sich Pasolini von vornherein völlig im klaren. *Ich kam also effektiv zu «Accattone» mit einer großen inneren Vorbereitung, einem hohen Maß an kinematographischer Leidenschaft und einem hohen Grad des Gefühls für das filmische Bild – aber technisch gänzlich unvorbereitet, was aber durch meine Art, die Dinge zu sehen, kompensiert wurde. Ich hatte also die Szenen des Films derart klar vor Augen, daß ich keines technischen Wis-sens bedurfte, um sie zu realisieren, ich brauchte nicht zu wissen, was ein «Panoramaschwenk» ist, um einen «Panoramaschwenk» zu machen.*[151] Dabei drückt sich Pasolinis Konzept des Autorenfilms aus, des Autors, der alle Elemente des Films durch seine Persönlichkeit bestimmt, der ge-nauso «dreht», wie er schreibt: der mit der Kamera schreibt. Die eine Technik des absolut subjektiven Ausdrucks wird durch die andere ersetzt. *Wenn ich mich entschlossen habe, Filme zu machen, dann weil ich sie ge-nauso machen wollte, wie ich ein Gedicht schreibe, wie ich einen Roman schreibe. Ich mußte unbedingt der Autor meines Films sein, und kein Re-gisseur im professionellen Sinn ... Ich muß der Autor sein in jedem Mo-ment meines Werkes.*[152] Dabei versteht er die filmische Technik als das Wesen des Werkes, nicht etwa als sein äußeres Mittel für einen vorgegebenen Inhalt. Diese besondere Aufmerksamkeit für die Technik, für den filmischen Stil, fällt schon bei den gelegentlichen Filmkritiken auf, die er noch vor seiner eigenen Filmarbeit geschrieben hatte. In seiner Beschreibung von Fellinis «La dolce vita» zum Beispiel geht er detailliert auf die Organisation des Bildraums ein, auf Fellinis Art, die Schauspieler zu führen, auf die Aufnahmetechnik, auf Einstellungen und Kamerabewegungen, auf Rhythmus und Syntax der Szenen usw. Aus dieser stilistischen und technischen, also rein immanenten Analyse des Films erschließt er die Ideologie des Films: den Irrationalismus, den Katholizismus, die barocke Dekadenz, eine gewisse Provinzialität, aber auch Fellinis *unerschöpfliche,* gleichzeitig *undifferenzierte und indifferente* Liebe für alles was existiert.[153] Die Wahrheit des Films liegt für Pasolini also in seiner «philologischen», seiner «linguistischen» Ebene.

Accattone mutet auf den ersten Blick an wie die Verfilmung seiner römischen Romane: dasselbe Milieu, die «pasolinische» Welt der Borgate, der *ragazzi di vita*, der Prostituierten, der Armut, der *vorchristlichen* Vitalität des römischen Subproletariats. Aber der Film unterscheidet sich von den Romanen wesentlich, und der Unterschied liegt vor allem in dem, was Pasolini die *technische Sakralität* genannt hat.

Accattone ist ein religiöses Werk und ein tragisches Werk. Einmal von der Form her: *Nur an Hand der technischen Vorgehensweise und der Stilmittel ist der wirkliche Wert dieser Religiosität erkennbar ... Letztlich liegt die Religiosität nicht im äußersten Bedürfnis nach persönlicher Erlösung der Hauptfigur ... oder von außen gesehen, in der alles bestimmenden und beschließenden Fatalität der abschließenden Bekreuzigung, sondern in der Art, «die Welt zu sehen»: in der technischen Sakralität, mit der sie gesehen werden.*[154] Dazu gehört die extreme Einfachheit, Armut und Strenge der Einstellungen, die hauptsächliche Verwendung des «Normalobjektives» (fünfziger und fünfundsiebziger Brennweite), die Frontalität der Aufnahmen, die Komposition der Bilder wie hieratische Gemälde, das «schmutzige» Licht, das die Gesichter verzeichnet, das wie zufällige Gegenlicht, die holprigen Schnittstellen und die falschen Anschlüsse zwischen zwei Einstellungen (z. B. verschiedene Brennweiten), die langsamen Panoramaschwenks (*es gibt nichts technisch Heiligeres, als den langsamen Panoramaschwenk ... seine langsame «Offenbarung»*[155]), die strengen und deutlich sichtbaren Kamerabewegungen. Aber die Technik allein bleibt immer ambivalent, es sind noch viele andere Elemente, die zu dieser Religiosität des Pasolinischen Films beitragen. Da sind die Gesichter und die Körper der Vorstadttypen, da ist das gleißende, schattenlose Licht, das den Bildern eine tödliche und ausweglose Atmosphäre gibt. Dieses Licht verwandelt die Borgate, das düstere Milieu der Handlung, in einen überirdischen Ort, in eine lyrische Übersetzung der Verlassenheit und Trostlosigkeit des Helden. Diese düsteren Vorstädte verschwinden nie aus dem Bild, auf all seinen müden, ziellosen Wegen begleiten sie Accattone, sie

Die Filme haben Erfolg

halten ihn gefangen. Die Stadt Rom bleibt eine Kulisse im fernen Hinter-
grund, sie bleibt ein geschlossener Vorhang, der sich nur öffnet, um für
Accattone die Kulisse des Todes freizugeben. Im Film ist weder für den
Vitalismus der *Ragazzi di vita* noch für die Ideologie der *Vita violenta*
Raum: sein einziges Thema ist das unerlösbare Leiden, die Passion des
Helden. (Und das Leiden ist für sich ein religiöses, ein mythisches
Thema.) Accattone ist im Unterschied zu den Figuren der Romane, die
nur typische Beispiele einer ganzen Klasse, einer ganzen Gruppe sind,
eine wirklich ernst genommene Figur, ein wirklicher tragischer Held. Bei
aller soziologischen Determiniertheit weist er weit über diese Welt des
Subproletariats hinaus. (Diese Zuspitzung eines volkstümlichen Helden,
eines Helden aus dem Volke zu einer großen, tragischen Figur hat bedeut-
same Parallelen. Antonioni und Visconti schließen fast zur gleichen Zeit
eine «populistische» Phase auf diese Weise ab – um dann völlig getrennte
Wege zu gehen. Die Protagonisten von «Il grido»[156] und von «Rocco und
seine Brüder»[157] sind aus demselben Holz wie Accattone. Sie umweht
derselbe tödliche Hauch, dieselbe Todesstimmung. Das Volk bleibt der
Ort der Authentizität, des «Seins», aber er ist ausweglos und tragisch
geworden. Eine Aura des Todes, der Gezeichnetheit, der Vorherbe-
stimmtheit isoliert diese Helden von den anderen Menschen.) Accattones

73

«Leichenmiene», sein gekrümmter Gang halten die anderen Figuren auf Distanz; ihr immer wiederkehrendes Gelächter vertieft diese Ferne noch. Accattone ist, bei dem auch dokumentarischen Gestus des Films, exemplarisch für seine Welt und gleichzeitig der Außenseiter, der Andere, der Abnorme – und damit die für Pasolinis gesamtes Werk bezeichnende und invariante Figur: eine autobiographische Figur.

Der Darsteller Accattones ist übrigens Sergio Cittis Bruder Franco – und er war eine große Entdeckung. *Dann habe ich einen wahren Accattone entdeckt, in den ich mich sofort verliebt habe, wie ein Schriftsteller sich in eine stilistische Erfindung, in einen Reim verliebt, der ihm vollkommen erscheint.*[158] Er wird zu einem unverwechselbaren Bestandteil der Filme Pasolinis werden. Er war selbstverständlich ein Laie und – wie alle Darsteller bei Pasolini – er spielte nicht bloß Accattone, sondern er «war es»: Pasolini hat Accattone die psychologischen und menschlichen Eigenschaften Francos verliehen. Accattones existentielles Außenseitertum, sein unaufhaltsamer Todesdrang, erinnerten die Kritiker in Venedig an eine Figur, die auch zur gleichen Zeit in die Kinos gekommen war: an den Helden in Godards «Außer Atem». Pasolini sagte jedoch, daß die bürgerliche, die existentialistische Angst des einen und die *vorchristliche* Angst Accattones nur den Namen gemeinsam hätten, sonst nichts.[159] Vor allem aber ist die Form dieser beiden Filme entgegengesetzt. Während Godard mit seinen gewaltsamen Regelverletzungen die geltenden Normen entweiht, gibt Pasolinis Technik einer entweihten Welt, einer mythischen Welt der Ausgeschlossenheit ihre sakrale Dimension wieder.

Die Aura einer neu geheiligten Welt wird auch durch die Bachsche Musik unterstrichen – wenn auch keineswegs durch sie erzeugt. Wenn sich etwa Accattone und sein Schwager raufend im Staub wälzen, verzweifelt, und in abgrundtiefer Wut, aber auch müde und hoffnungslos sich aneinander festkrallen; die Kamera die Umstehenden so weit wegschiebt, daß die beiden wie zwei Einsame und Verlassene erscheinen: da bricht plötzlich, sehr hoch, die «Matthäus-Passion» ein und überhöht nochmals, wie schon die Kamera, die Brutalität der Szene. Leiden und Verzweiflung erhalten eine andere Dimension. *Die Musik hat eine ästhetische Funktion, im Grenzfall sogar eine «ästhetisierende» ... Es entsteht eine Art gegenseitiger Verunreinigung zwischen der Häßlichkeit und der Gewalt des Geschehens und der musikalischen Erhabenheit. Aber gleichzeitig hat sie eine didaktische Aufgabe. Sie wendet sich an den Zuschauer und macht ihn darauf aufmerksam, läßt ihn verstehen, daß er hier nicht eine Schlägerei im neorealistischen, folkloristischen Stil vor sich hat, sondern einen epischen Kampf, der ins Heilige, ins «Religiöse» mündet.*[160] Diese «Vertiefung» des Gehalts der Bilder nennt Pasolini die *vertikale Anwendung* der Musik (im Unterschied zur begleitenden, *horizontalen* Musik). *Die Musik, deren Quelle auf der Leinwand nicht sichtbar ist – die also aus einem physischen «Jenseits» kommt, das von Natur aus «tief» ist – durchbricht die flachen oder nur scheinbar tiefen Bilder auf der Leinwand und öffnet sie den unbe-stimmten und grenzenlosen Tiefen des Lebens.*[161] Die Bachsche Musik (die für Pasolini die *Musik an sich, die absolute Musik* ist) enthistorisiert das soziale Milieu, in dem der Film spielt, unterstreicht das Poetische. *Das Elend ist immer, in seinem Innersten, episch, und die Psychologie eines Elenden, Armen, eines Subproletariers ist immer rein, weil ohne Be-wußtsein, und daher wesentlich. Diese meine Art, die Welt der Armen zu sehen, wird, glaube ich, nicht nur durch die Musik, sondern durch den ganzen Stil meiner Filme deutlich. Die Musik ist dabei nur das oberste, das auffallendste Element, fast die äußere Verkleidung eines grundsätzlichen stilistischen Vorgehens.*[162]

Nach dem Erfolg seines ersten Versuchs machte Pasolini gleich seinen nächsten Film, *Mamma Roma*. Er realisierte also nicht sein schon zwei Jahre altes Projekt *La commare secca*, sondern schrieb ein neues Dreh-buch und schenkte das schon fertige seinem jungen Freund und Assisten-ten Bernardo Bertolucci – der es sofort annahm und daraus seinen ersten Film machte.

Mamma Roma fügt ästhetisch dem ersten Film wenig Neues hinzu; die wie instinktiv gefundenen Stilmittel des ersten werden hier etwas verfei-nert, bewußter eingesetzt. *Was diesen Film von «Accattone» unterschei-det, ist eigentlich eine moralische Problematik, die es in «Accattone» nicht gibt, denn Accattone ist absolut allein in einer absolut verlassenen Welt.* Man hatte von dem Marxisten Pasolini erwartet, daß er die Geschlossen-heit, die «Ewigkeit» seines ersten Films verläßt und eine politische Per-spektive in diese Welt bringt. Pasolini «gehorchte»[163]. Die Stadt bleibt nicht mehr nur eine abweisende Kulisse am Horizont, der Film themati-siert eine Dialektik zwischen den subproletarischen Borgate und den bür-gerlichen oder kleinbürgerlichen Verheißungen der Stadt. Der Aus-bruchsversuch ist aber vergeblich, er endet tödlich – eine Passion auch dieser Film.

Mamma Roma steigert fast noch den Manierismus in der Bildkomposi-tion, der vor allem auf seine geliebten Maler der Früh-Renaissance und des Manierismus zurückgeht: ... *mein kinematographischer Geschmack kommt nicht vom Kino, sondern aus der Malerei. Was ich als Vision, als Bildvorstellung im Kopf habe, sind die Fresken von Masaccio, von Giotto ... und einige Manieristen, z. B. Pontormo. Ich kann mir kein Bild vorstel-len, keine Landschaft, keine Figurenkomposition außerhalb dieser meiner ursprünglichen Leidenschaft für die Malerei, für die Maler des Trecento, die im Zentrum jeder Perspektive den Menschen hat.*[164] Dieser Film bestä-tigt auch Pasolinis eigentümlichen Umgang mit Schauspielern. Er hatte einen kleinen Kellner entdeckt und auf ihn das ganze Drehbuch, ausge-hend von einer Zeitungsmeldung, zugeschnitten. Erst nach beendetem Drehbuch hat er dem Hauptdarsteller «seine» Rolle angeboten – und er war gut. Dagegen hatte Pasolini große Schwierigkeiten mit dem Star

Giotto, Selbstporträt im Fresko
«Das Jüngste Gericht». Padua, Cappella
degli Scrovegni

Masaccio, Selbstporträt im Fresko
«Tributzahlung des heiligen Petrus». Floren
Santa Maria del Carmine, Brancacci-Kapell

Masaccio, Fresko «Der Zinsgroschen».
Florenz, Santa Maria del Carmine, Brancacci-Kapelle

Giotto, Fresko «Noli me tangere». Padua, Cappella degli Scrovegni

Anna Magnani, die eine proletarische Mamma Roma spielen sollte, aber keine war. *Ich wollte die Zweideutigkeit eines subproletarischen Lebens mit einem kleinbürgerlichen Überbau zeigen. Das kam nicht heraus, weil Anna Magnani in kleinbürgerlichem Milieu geboren und aufgewachsen ist und dann als Schauspielerin gelebt hat, und ihr deshalb diese Charaktereigenschaften fehlen.*[165] Die Laien-Darsteller brauchen nur das zu sein, was sie sind. Die Kamera «entreißt» ihnen in kurzen Einstellungen, manchmal ohne ihr Wissen, den gewünschten Ausdruck. Anna Magnani wollte wissen, was sie tut, wollte ihre Rolle «spielen», und das war mit dem spezifischen Realismus Pasolinis nicht vereinbar.

Dieser Realismus ist ein unmittelbarer, ein physischer Realismus, ein Eintauchen der Kamera in die Realität des Drehorts, ein Erleben und Registrieren dessen, was dort geschieht. Diese Methode wird noch deutlicher gerade in den späteren, stärker inszenierten, traumhaft-historischen Filmen. Pasolinis Kamera versucht nicht die Welt wiederzugeben «wie sie ist», jeder Naturalismus ist ihr fern (*die Wirklichkeit ist nicht natürlich*).

Nach Giottos Fresko «Die Himmelfahrt des Evangelisten Johannes».
Florenz, Santa Croce, Peruzzi-Kapelle.
Federzeichnung von Michelangelo. Paris, Louvre

Die neorealistische Kamera hatte versucht, «ins Leben hinauszugehen», das, was der Regisseur vorher als «wirkliches Leben des Volkes» angesehen hatte, möglichst ohne äußeren Eingriff aufzunehmen. Pasolini umgeht diese «literarische» Methode, er läßt die Wirklichkeit des Drehorts selbst sprechen, weil sie für ihn schon Sprache ist, die «Sprache des Lebens». Die Realität des Drehorts hat er aber nicht in natura vorgefunden, sondern sorgfältig inszeniert. Auf seinen ethnologischen und anthropologischen «Forschungsreisen» in die Slums und in die Dritte Welt hat er die Landschaften, die Physiognomien, die Verhaltensweisen, die Riten gefunden, die er am Drehort dann zusammenbringt. Der Film ist dann das Resultat der Interaktion des Regisseurs mit dieser Körpersprache des Lebens. Die verborgene Geschichte, das unbewußte Leben, die Klassenverhältnisse sind diesen «ethnologischen» Gegenständen und Körpern eingeschrieben – und am Drehort schreiben sie den Film, macht die Kamera ihr Geheimnis sichtbar.

Ein wahres Kleinod im gesamten Filmschaffen Pasolinis ist sein nächster Film – die Episode *La ricotta* (*Der Weichkäse*) – für ein Gemeinschaftsprojekt mit drei anderen Regisseuren: Rossellini, Godard und Gregoretti. Er hat ihn schon während der Arbeit an *Mamma Roma* geschrieben, in die Kinos kam er Anfang 1963 (unter dem Titel *Rogopag*, nach den Anfangsbuchstaben der Autoren). Der Produzent, der den Film in Auftrag gegeben hatte, wies Pasolinis Episode wegen «moralischer Beleidigung» zurück, doch wieder sprang Alfredo Bini ein und konnte die Produktion selbst übernehmen. Sogar die Hürde Orson Welles konnte genommen werden, der im Film den Regisseur spielen sollte und sich nur für eine enorme Summe dafür bereit erklärte. (Er hatte von Pasolini noch nie etwas gehört.) Die Hauptrolle spielte wieder ein Laie, ein Subproletarier, der einen Subproletarier spielt. Aber dieser halbstündige Film ist keine Wiederholung des alten Themas, in ihm überschlagen sich vielmehr, in mehrfacher metalinguistischer und formreflektierender Brechung, alle Themen des Dichters Pasolini. Realität und Fiktion gehen in diesem Film ebenso durcheinander wie Schwarzweißfilm und Farbe, Komik und Tragik, Alte und Neue Welt, Realismus und Slapstick, Kunst und Leben, Heiliges und Profanes.

Der Ort der Handlung ist der «Set», sind die Dreharbeiten zu einem Film über die Passion Christi. Pasolini selbst ist also das Thema, seine Arbeit, seine Rolle als Intellektueller und Künstler. Die Wahl von Orson Welles als Regisseur ist dabei so vielsagend wie der Drehort, die heruntergekommene Landschaft vor der Kulisse Roms, und die Charaktere, die ihn bevölkern: von der Kulturschickeria bis zu den Hungerleidern. Das Thema des Films im Film ist die ikonographische Wiederbelebung der Kreuzigungsszene im Stile der Manieristen Pontormo und Rosso Fiorentino. Die wahre Passion ereignet sich aber hinter dem Rücken all dieser Akteure. Der profane Tod des Komparsen Stracci am Kreuz ist der in Wahrheit heilige, die Passion des Films ist dagegen «heillos», irreligiös, ein vulgäres Produkt der Kulturindustrie. Die Authentizität des Stracci liegt in seiner Armut, in seinem *Hunger*, dem archaischen und nie gestillten Hunger seiner *Rasse*. Die Parabel dieses Hungers erzählt Pasolini mit einer Vielzahl von formalen Registern, so daß sich der Zuschauer nie dem

Vor Gericht, 1963

bequemen Gefühl des Mitleids überlassen kann. Diese Geschichte reflektiert Pasolinis Dilemma zwischen dem «wahren Leben» und der «wahren Kunst». Dieses Dilemma endet tödlich – nur der Tod kann der entheiligten Welt ihre wahre Dimension zurückgeben. (*Für mich finden die Epik und der Mythos ihren höchsten Wert im Tod. Wenn ich von meiner Tendenz zum Heiligen, zum Mythischen und zum Epischen spreche, muß ich sagen, daß diese nur im Akt des Todes vollständig erfüllt werden kann.*[166]) Die Gesellschaft hat dafür keinen Sinn mehr. Der Regisseur sagt am Ende, wie abwesend: *Armer Stracci! Er mußte sterben. Es war für ihn die einzige Möglichkeit, um zu sagen, daß auch er lebte.*[167]

Wenige Tage nach dem Start wird der Film beschlagnahmt: «Verunglimpfung der Staatsreligion». Es entflammte eine große Diskussion, aber alle Proteste konnten nicht verhindern, daß Pasolini der Prozeß gemacht wurde, daß er der «Straftat» für schuldig befunden und zu vier Monaten Haft (auf Bewährung) verurteilt wurde. Ein Jahr darauf wurde Pasolini freigesprochen, der Film konnte, nach einem Jahr, in den Kinos laufen.

Die Welt erscheint mir wie ein Zusammenhang von Vätern und Müttern, für die ich eine totale Hingabe verspüre, die aus respektvoller Verehrung und aus dem Bedürfnis besteht, diese respektvolle Verehrung durch Entweihung, auch durch gewalttätige und skandalöse, zu verletzen.[168] Diese Leidenschaft Pasolinis wurde in diesen Jahren von «der Welt» sehr ernst genommen – sie verfolgte ihn mit Anklagen, Prozessen, Diffamierungen. Die Verurteilung für *La ricotta* war nur ein Höhepunkt, und nicht der letzte, einer langen Serie von Verfolgungen, unter der Pasolini doppelt litt – doppelt wegen des Leidens seiner Mutter daran. In einem Gedicht schreibt er resigniert, fast verständnisvoll: Er, *der sich nicht anpaßt und sich nicht lossagt: / geschieht ihm ganz recht, daß er keinen Platz zum Leben findet. / Das Leben wird müde an dem, der aushält.* Und er fügt hinzu: *Ach, meine wiederkehrende Leidenschaft, / die keine Wohnstatt finden darf!*[169] Diese *wiederkehrende Leidenschaft*, mehr als der unbequeme Kritiker der Gesellschaft, scheint es seinen Gegnern letztlich angetan zu haben – letztlich und im geheimen, denn es gab in Italien auch damals kein Gesetz, das die Homosexualität als Straftat ansah. (Es sei denn sie fällt, wie andere sexuelle Handlungen, in die Kategorien «Erregung öffentlichen Ärgernisses», «Verführung Minderjähriger» oder ähnliche.)

Worum gingen die Prozesse? Einige Jugendliche, die er kennt, treffen ihn zufällig, nach Mitternacht, auf der Straße und wollen mit ihm ein paar Runden in seinem neuen Alfa Romeo drehen. Sie werden Zeugen einer Schlägerei und versuchen, die Streitenden auseinanderzubringen. Am nächsten Tag wird Pasolini von zwei Carabinieri auf die Polizeistation gebracht: er habe einen Beteiligten ihren Ermittlungen entzogen. Die Zeitungen diskutieren ausführlich den Fall, wochenlang, und bei der Gerichtsverhandlung, ein Jahr danach (1961) wieder. Dasselbe beim nächsten Fall: Pasolini spricht an der Uferpromenade von Ostia zwei kleine Jungen an und läßt dabei angeblich einige anzügliche Bemerkungen fallen. Passanten klagen ihn an, die Jungen werden gerichtlich verhört usw. Die Zeitungen füllen wieder ihre Spalten: die Vermischung von Literatur und Leben: obszön, «pasolinisch», das eine wie das andere. Ein anderer Fall: ein junger Tankwart klagt Pasolini des bewaffneten Tankstellenraubs an. Pasolini habe ihn mit einer Pistole «mit einer goldenen Kugel» bedroht, alle Türen der Bar verschlossen, «komisches Zeug geredet», das Geld aus der Kasse genommen, und erst als er selbst ihn mit einem Messer bedrohte, sei Pasolini gegangen. In einer Zeitung wird der Bericht mit einem Standfoto eines Films aus den fünfziger Jahren bebildert, in dem Pasolini mitgespielt hatte und das ihn mit einer Maschinenpistole zeigt. Im übrigen scheint sich die Presse, und auch das Gericht, mehr um «das komische Zeug», das Pasolini geredet haben soll, zu interessieren – obwohl der Tankwart bestreitet, daß es sich um sexuelle Anspielungen gehandelt hat. Pasolini erhält fünfzehn Tage auf Bewährung.

Vieles von dem Wirbel um Pasolini bezog sich auch auf seine ersten Filme und auf Vorfälle, die mit diesen zusammenhingen. Faschistische Gruppen zum Beispiel störten die Vorführungen seiner Filme, versuchten sie mit Gewalt zu verhindern; dagegen gab es dann wieder Solidaritätsvorführungen und weitere Proteste. Ein Abgeordneter strengte einen Prozeß an, weil in *Accattone* jemand seinen Namen trägt: der Name mußte geändert werden. Auch andere wollen sich in seinen Werken wiedererkennen und protestieren: ein junger Lehrer behauptet, Pasolini habe ihn gekidnappt und sein Roman-Manuskript geraubt – später nimmt er alles zurück, er hätte nur auf sich aufmerksam machen wollen ...

Aufschlußreich ist folgender Vorfall: *Bei der Uraufführung eines meiner Filme («Mamma Roma») hatte ein Faschist ... mich im Namen seiner ganzen schönen Gesinnungsgenossen beleidigt. Ich hatte die Fassung verloren (was ich bereue), ihn geohrfeigt und zu Boden geschleudert. Meine Freundin Laura Betti war dabei und hat also «mit eigenen Augen» die ganze Szene gesehen. Die Zeitungen, die über den Vorfall berichteten, haben ihn, ich weiß nicht aus welchen Berechnungen, so dargestellt (indem sie ihn mit gefälschten Fotografien versahen), daß ich als der Geohrfeigte dastand. Diese Darstellung ist dann verbreitet worden und die öffentliche Meinung hat sie sich zu eigen gemacht, ja sich ihrer sogar so gründlich bemächtigt, daß sogar Laura Betti in ihrer aggressiven Arglosigkeit, obwohl sie die Szene «mit eigenen Augen» gesehen hatte, mir gegenüber von «dem Faschisten, der dich geohrfeigt hat», sprach.*[170]

Pasolini war also wieder ganz in seine Opferrolle geschlüpft – nicht nur für seine Feinde, sondern auch für seine Freunde. Er zog alle möglichen Angriffe und Aggressionen auf sich, aber er war auch, in einem im kulturellen Umbruch befindlichen Italien, ein willkommenes Mittel im Kampf der politischen Fronten. Und Pasolini wich nicht aus ...

Sein Hang zur immer wiederkehrenden Beschwörung eines leidenden und kämpfenden Christus in den Gedichten und in Filmen hat auch diesen autobiographischen Grund. Aber die Bedeutung Christi für Pasolini geht weit darüber hinaus, und sie nimmt von seiner ersten Friauler Lyrik bis zu seinen letzten Jahren immer neue Gestalt an. In seinen ersten Filmen fällt ein ständiger innerer Kampf zwischen seinem Anspruch, Marxist zu sein und einem immer stärker hervortretenden und sich eigenwillig radikalisierenden Christentum auf. Das Ringen um ein Klassenbewußtsein in *Mamma Roma* weicht in *La ricotta* einem angesichts des wirklichen Ge-

«Das Evangelium nach Matthäus»

«Das Evangelium nach Matthäus».
In der Mitte Pasolinis Mutter und *Graziella Chiarcossi*

schehens am Drehort lächerlich gemachten «marxistischen» Regisseur. Pasolini hat oft betont, daß er nicht «religiös» sei, doch scheint die Radikalität Christi seiner subjektiven, existentiellen Radikalität mehr zu entsprechen als der objektivere und rationalere Marxismus.

Ich glaube nicht an Gott. Wenn aber in meinen Werken ein «Hauch» christlicher Liebe für die Dinge der Welt und ihre Menschen überdauert – ich will damit sagen, eine irrationale, auf Eingebung beruhende Liebe –, dann glaube ich, brauche ich mich dessen nicht zu schämen. Und er wehrt ab: *Daß in jedem von uns ein «historisch»-christlicher Untergrund ist, ist ganz klar, so klar, daß man sich keine Gedanken darüber zu machen braucht.*[171]

Sein nächster großer Film ist – und keineswegs überraschend – *Il Vangelo secondo Matteo* (*Das Matthäus-Evangelium*). Eine weniger aufmerksame Öffentlichkeit mußte aber mehr als überrascht sein: Ein Christus vom skandalösen und obszönen Pasolini? Diese Vorurteile der Öffentlichkeit und der von ihr abhängigen Produzenten galt es erst einmal zu überwinden. Aber es fiel Pasolini, seinem zupackenden Ernst, nicht schwer, das Vertrauen und die Unterstützung einiger maßgeblicher Priester und Theologen zu gewinnen.

Im Frühjahr 1964 begann Pasolini zu drehen und im Herbst war die Uraufführung auf dem Festival von Venedig. Mit Pfiffen und Beschimpfungen wurden der Regisseur und sein Film im Saal empfangen, ein schier endloser Applaus am Ende des Films brachte sie zum Schweigen. Gespalten war auch, und zwar jahrelang, die Kritik. Die Ablehnung durch viele Marxisten (vor allem auch in Frankreich, wo die einzige positive Stimme von Sartre kam) und das Lob einer sich fortschrittlich gebenden Kirche haben wohl auch den Autor selbst irritiert, und er gab oft recht widersprüchliche Urteile über den Film ab. Heute gilt *Das Evangelium* als einer seiner schönsten Filme. Er war sicher der Film, der ihn die größten Anstrengungen gekostet hat: er hat zwei Jahre daran gearbeitet und nicht weniger als 100000 Meter Film dafür gedreht – ohne die Vorarbeiten, etwa in Palästina, die einen eigenen Film ergaben, mitzurechnen. *Ich fühle erst jetzt die große Anstrengung, die mich der Film gekostet hat: so sehr, daß ich die Vorstellung, einen weiteren Film zu machen, gar nicht ertragen kann ... Eine schmerzliche Leere ist an die Stelle dessen getreten, wovon mich «Das Evangelium» befreit hat.*[172] Und es war der Film, den Pasolini am wenigsten im Griff hatte: sowohl was sein Verhältnis zur Religion als auch was die technische Realisierung betrifft. *Was mein «künstlerisches» Verhältnis zum «Evangelium» betrifft, so ist es ziemlich merkwürdig. Du weißt vielleicht, daß ich als Schriftsteller von der Resistenza, dem Marxismus komme; in den ganzen fünfziger Jahren galt meine ideologische Arbeit der Rationalität, der Polemik mit dem Irrationalismus der «dekadenten» Literatur (der ich meine Bildung verdanke und die ich sehr geliebt habe). Die Idee, einen Film über das Evangelium zu machen und die*

Piero della Francesca, aus dem Fresko «Der Traum Konstantins».
Arezzo, San Francesco

technischen Intuitionen, die ich dazu hatte, sind hingegen, ich muß das gestehen, die Frucht einer gewaltigen Welle des Irrationalismus. Es soll ein reines Werk der Poesie werden, auch wenn ich mich dabei möglicherweise der Gefahr des «Ästhetizismus» aussetze … Das alles setzt meine ganze Karriere als Schriftsteller gefährlich aufs Spiel, ich weiß. Aber es wäre ja noch schöner, wenn ich, der ich den Christus des Matthäus so innig liebe, Angst hätte, etwas zu riskieren.[173] *In «Accattone» war mein Stil schon religiös, sakral. Als ich das «Evangelium» begann, dachte ich, die richtige und*

Piero della Francesca, Fresko «Die Begegnung Salomons mit der Königin von Saba». Arezzo, San Francesco

passende Formel schon zu besitzen, und ich begann den Film mit denselben Techniken und in demselben Stil zu drehen. Aber nach zwei Tagen geriet ich in eine vollkommene Krise.[174] Ein frontaler Christus, mit dem Fünfziger und dem Fünfundsiebziger aufgenommen, von kurzen und intensiven Panoramaschwenks begleitet, das wird zur reinen Emphase: eine Verdoppelung ...[175] Diese anfängliche technische Krise erwies sich als dem Umstand geschuldet, daß ich kein Gläubiger bin, und daß ich also, um eine Geschichte zu erzählen, die ich nicht glaube, sie nur «durch die Augen eines anderen» sehen konnte – und das brachte mich zu einer magmatischen Technik, zu einem «Kino der Poesie», das der Vermengung meines Blicks mit dem eines idealen Gläubigen geschuldet ist.[176] Pasolini wollte, beim Drehen, das stilistische Durcheinander auf die Spitze treiben: «gebildete» ikonographische Zitate (vor allem von Piero della Francesca), vermischt mit aktuellen Anspielungen (die Polizei, die Flüchtlinge), ein feierlicher, hoher Stil, vermischt mit einer wie zufällig durch die Volksmassen irrenden Cinéma-vérité-Kamera, Dreyer mit Neorealismus, Mozart mit Volksliedern. Als im fertigen Film alle diese Spitzen und Zacken zu einem einheitlichen Stil eingeebnet waren, war Pasolini sehr überrascht: *Das Resultat ist nicht expressionistisch und magmatisch, sondern auf seine Art extrem einheitlich und regelmäßig ...*[177] Seine große Kraft und Suggestion bezieht der Film sicher aus dem Ambiente, in dem er spielt: aus der Landschaft des italienischen Südens, aus der unmittelbaren Gegenwart der Körper und Gesichter der Menschen dieser Landschaft, der armen Bauern und des armen Proletariats. Die Städte Kalabriens sind Stätten einer wirklichen historischen Verlassenheit, die sonnenverbrannten Gesichter, die Gegenstände des Alltags, die Arbeitswerkzeuge sind «echt». Das süditalienische Subproletariat ist der wirkliche Hauptdarsteller; die historische Konkretheit des Landes, der Volksmassen machen diesen Christus glaubhaft: fern und unnahbar ist er doch mitten unter ihnen, sanft und gewalttätig geht er seinen Weg durch eine unversöhnliche Welt, durch die Unversöhnlichkeit von unterdrücktem Volk und verkommener Macht. Pasolini suchte eine reale zeitgenössische Analogie zum historischen Geschehen. *Ich habe die Landschaft durch eine analogische ersetzt, den Palast der Mächtigen durch analoge Umgebungen, die Geschichte der Zeit durch analoge Geschichten.*[178] Auch Matthäus *hatte keine historistische Sichtweise, nicht mal eine historische, sondern eine mythische ... Mein Hauptinteresse gilt nicht der Geschichte, sondern dem Mythos.*[179] *Ich glaube, daß Matthäus der revolutionärste der Evangelisten ist, weil er der «realistischste» ist, der bäuerlichen Realität, in der Christus erschienen ist, am nächsten.*[180] Pasolini wollte den Text von Matthäus wortwörtlich übernehmen, nichts hinzufügen, nichts weglassen. Der höchstpersönliche Film, der daraus entsteht, erwächst allein aus Pasolinis «poetischem Stil». Pasolini verband mit seinem Christus autobiographische Motive (Andersartigkeit, Maßlosigkeit, *Sanftmut und Gewalttätigkeit, Milde im Herzen,* aber nie *Milde im Geist*[181]) mit dem Volksmythos eines Revolutionärs, der alles Mittelmäßige und Verkommene hinwegfegt. Einsamkeit, Schmerz, Protest, Gewalt sind die Kennzeichen seines Christus, der Pasolinis *ganze Sehnsucht nach dem Mythischen, dem Epischen und dem Heiligen* ausdrückt.

Ich hätte den Christus als einen politischen und sozialen Agitator darstellen sollen, um vielleicht das «Nihil obstat» der offiziellen Marxisten zu erhalten. Das habe ich nicht gemacht, weil es meiner Natur zutiefst widerspricht, die Dinge und auch die Menschen zu entheiligen. Ich will vielmehr so weit wie möglich den Dingen die Heiligkeit zurückgeben.[182] Pasolini hatte für sich von seinem Matthäus-Film die große Befreiung erwartet: die Befreiung aus einer tiefen Krise – *alle meine Ideen haben in diesen zehn Jahren einen Bruch erfahren* – und die Befreiung auch von seinen *irrationalistischen Anwandlungen. Ich habe mich im Endeffekt so wenig befreit durch diese künstlerische Arbeit, daß diese berühmten, bösartigen, brennenden, unfaßbaren religiösen Elemente noch alle da sind: intakt.*[183] Pasolini arbeitete in diesen zwei Jahren, 1963 und 1964, wie besessen: er schrieb eine regelmäßige Zeitschriften-Kolumne (für die kom-

Auf der Suche nach der «italienischen Realität» («Comizi d'amore»)

munistischen «Vie Nuove»), verfaßte Gedichte und machte nicht weniger als fünf Filme. Vier Filme hingen mit dem Christus-Projekt zusammen, der fünfte, *La rabbia* (*Die Wut*), ist ein (abendfüllender) Film-Essay, der nur aus fremdem Dokumentarmaterial besteht: ... *ein Akt der Entrüstung gegen die Irrealität der bürgerlichen Welt ... um zu dokumentieren, daß es eine Welt gibt, die in ihrem Inneren im Besitz der Wirklichkeit ist.*[184] *La rabbia* fiel damals völlig durch und wurde sofort aus dem Verkehr gezogen – heute ist es ein sehr suggestiver, eigenwilliger Dokumentarfilm über die damaligen Jahre: von der Suez-Krise bis zum Tod der Marilyn Monroe.

Sopraluoghi in Palestina (*Ortsbesichtigung in Palästina*) und *Comizi d'amore* (*Gastmahl der Liebe*) entstanden als «Nebenprodukt» der Vorarbeiten zum *Evangelium.* Der erste ist eine aufschlußreiche (vor allem über seine «anthropologische Philosophie») Besichtigung des «Heiligen Landes» mit den Augen Pasolinis. *Comizi d'amore* ist ein Interview-Film, eine Untersuchung über das sexuelle Verhalten der Italiener, über ihre Gedanken zur Erotik, Liebe, sexueller Abweichung. Der Film dokumentiert einen Wesenszug in Pasolinis Gebrauch des Mediums: die «Errettung der physischen Realität», hier vor allem der Körper und der Gesichter der Bauern, der Arbeiter, der Kleinbürger in den verschiedenen italienischen Regionen.

Pasolinis Kino folgt den Personen, den Objekten, es hält sie fest, wie sie sind, sucht sie in ihrem eigenen, verborgenen Leben zu entdecken: es ist immer auch cinéma vérité. *Comizi d'amore* lebt auch von der Präsenz des Interviewers Pasolini, seiner zugleich weichen und strengen Art, die Gesprächspartner festzuhalten und zur Ehrlichkeit zu drängen. Neben deren Konfession ist so der Film nicht zuletzt eine Konfession Pasolinis.

Auf diesen Filmbildern sieht man Pasolini die Krise, von der er zu jener Zeit spricht, nicht an: er ist zwar ein geistig nervöser, aber selbstsicherer und sportlicher, noch sehr jugendlich wirkender Mann. Er zog damals, zum letztenmal, um: in ein großzügiges, modernes Appartement mit Garten und Terrasse im vornehmen Wohnviertel Eur, das Mussolini zu repräsentativen Zwecken erbaut hatte. Bei Pasolini und seiner Mutter wohnte auch noch Graziella Chiarcossi, eine Verwandte aus dem Friaul, die in Rom studierte. Der neue Komfort war wieder mehr für seine Mutter gedacht als für ihn selbst. Er änderte sein Leben nicht: unermüdliche Arbeit, das Essen mit Freunden in der Trattoria, die nächtlichen Ausflüge in die Borgate. Die große Neuigkeit im Leben Pasolinis war Ninetto Davoli,

«Comizi d'amore»

Mit Nino Davoli

eine wirklich große Liebe. Ninettos Eltern waren die typischen zugewanderten Bauern aus dem Süden, aus Kalabrien, er selbst war ein vollkommen integrierter römischer Jugendlicher. Eine gewisse Sanftmut und ein vollkommen offenes Lächeln unterschieden ihn von den anderen Vorstadt-Jungen. Pasolini liebte an ihm *das zuckersüße Lächeln, das aus dem Innersten herausleuchtet, wie bei den Moslems und Hindu*[185]. Ninetto wird Pasolinis ständiger Begleiter – und wir werden sein *unschuldiges Lächeln* in vielen Filmen Pasolinis wiedersehen: zum Beispiel in einer Hauptrolle gleich im nächsten Film: *Uccellacci e uccellini* (*Große Vögel, kleine Vögel*).

Dieser Film erschien erst 1966, zwei Jahre nach dem *Evangelium*. Obwohl es ein Film der Krise ist, steckt er voller Heiterkeit und Zuversicht – und Ninetto ist die Verkörperung dieser Heiterkeit.

Nach der langen Pause (*mir fiel buchstäblich nichts zum Erzählen ein*[186]) stellte sich Pasolini in diesem Film die Frage: was hat ein Marxist wie ich noch in dieser Welt zu suchen? Pasolini spielt erneut und mit viel Ironie seinen alten und ungelösten Widerspruch von *Leidenschaft und Ideologie* durch. Er ist der sprechende Rabe, der kommentierend und dozierend die beiden Subproletarier, Vater und Sohn, auf ihrem Weg durch eine sich rapide verändernde Welt begleitet – und zum Schluß von den beiden, aus Hunger und weil er ihnen auf die Nerven fällt, verspeist wird. Ein weiterer Opfertod (Pasolinis), aber diesmal ohne Tragik, er ist eher befreiend. Auf den alten Totò, ein Überbleibsel der proletarisch-humanen Kraft Neapels, und auf den unbeschwerten Lebenshunger Ninettos wirft der Film aber ein melancholisches, elegisches Licht:

Der Rabe: Ha, ha, ha, ha! Sie haben Statistiken gemacht und das Gesetz entdeckt, daß «wer die gleiche Sprache hat, gleich konsumiert» ... So werden alle, indem sie gleich reden, sich auch gleich anziehen, gleich motorisieren, usw. So kann man endlich alles in Serie fertigen, endlich.

Totò: Na und, der Wille der Herren geschehe!

Rabe: Und du, Ninetto, wird es dir gefallen, gleich zu sprechen, dich gleich zu kleiden, gleich zu essen, dich gleich zu motorisieren?

Drehortbesichtigung für den (nicht realisierten) Film «Il padre selvaggio»

Ninetto: (mit einem lachenden Ausdruck höchster Überzeugung) Mir schon! Warum, soll ich etwa der Dümmste sein?

Rabe: He, ich kenne jemanden, der über all das weint, der sagt, daß dies das Ende der Menschen sein wird – und wenn die Arbeiter nicht bald die rote Fahne wieder in die Hand nehmen, dann wird alles verloren sein ... Sie sind die einzigen, die den Produkten eine Seele geben können ...[187]

Doch weder über die Zukunft des Marxismus (Rabe: *Ich weine nicht über das Ende meiner Ideen ... ich weine über mich*) spricht der Film das letzte Wort noch über die Zukunft des bäuerlich-proletarischen Lebens: ein riesiges *Subproletariat* taucht am Horizont auf: die Dritte Welt. Bevor sich Pasolini dieser letzten Hoffnung (*Afrika, einzige Alternative*[188]), diesem letzten Bollwerk gegen die anthropologische Entropie zuwendet – einer Hoffnung, die unter anderem eine ganze Reihe von Filmen inspirieren wird –, befaßt er sich noch einmal konzentriert und in vielfältiger Form mit Philologie, mit Sprache.

Den Auftakt seiner Aufsätze über die Sprache des Kinos bildete ein Vortrag, den er 1965 in Pesaro hielt, anläßlich des dort neu eingerichteten «Festivals den Neuen Films». Dort versammelte sich in jenen Jahren die internationale cineastische Avantgarde mit dem Ziel, den Film zu erneuern. Vor allem die Franzosen, Godard, Christian Metz, Roland Barthes, führten das Wort, und auf italienischer Seite eben Pasolini. Sein Vortrag *Das Kino der Poesie*[189], und der, den er im Jahr darauf an derselben Stelle hielt, *Die schriftliche Sprache der Realität*[190], bilden einen Meilenstein in der theoretischen Filmdiskussion in Italien, viele Diskussionen in den neuen Filmzeitschriften nehmen ihren Ausgangspunkt von diesen beiden Aufsätzen.

Für Pasolini haben sie die Funktion einer etwas systematischen Zusammenfassung seiner verstreuten Bemerkungen und Erfahrungen während seiner bisherigen Filmarbeit. Die Systematik gewinnen sie nicht zuletzt aus der linguistisch-strukturalistischen Sprache, deren er sich zu jener Zeit bediente – und die aus seinem Munde etwas befremdend klingt. *Wir haben sogar eine Gruppe zur linguistischen und cinelogischen Erforschung des Kinos gegründet. Wir arbeiten auf einer präzisen, wissenschaftlichen Basis, jenseits allen Terrorismus, um davon ausgehend interessante ästhetische Untersuchungen beginnen zu können.*[191] Er schrieb zu der Zeit auch grundlegende Aufsätze über die Literatur und über die Veränderung der Umgangssprache der Italiener.

Während die Studien zur *Sprache der Italiener*[192] großes Aufsehen erregten und in ihrem extremen Pessimismus schon die Motive der *Freibeuterschriften* vorwegnehmen, haben die gleichzeitigen filmtheoretischen Schriften etwas eigentümlich Positives, Optimistisches – als glaubte er fast, der neue, der *poetische Film* könne dem allgemeinen Niedergang der *Kultur des Menschen* etwas entgegensetzen, zumindest einen Freiraum schaffen.

Als ich anfing, Filme zu machen, glaubte ich, einfach eine Technik zu wechseln, ich glaubte also, das Kino sei einfach eine Sprache der Kunst, wie Metz sagt, und sich daher auf irgendeine Weise mit meinen literarischen Erfahrungen decke. Im Laufe der Arbeit habe ich aber gemerkt, daß es sich nicht um eine literarische Technik handelt, sondern um eine regelrechte Sprache, mit ihren eigenen Charakteristiken, die cinelogisch und grammatikalisch zu beschreiben sind. Das ist schon ein Motiv, das erklärt, warum ich die Literatur verlassen habe und Filme gemacht habe. Aber darunter liegt noch ein anderes Motiv ...: alle bisher beschriebenen und analysierten Sprachen haben die eine Eigenschaft, symbolisch zu sein. Die geschriebene und gesprochene Sprache basiert auf Zeichen, die die Realität evozieren und wie viele «Pawlowsche Klingeln» funktionieren: wenn ich «Stuhl» sage, klingt die «Pawlowsche Klingel» und der Hörer denkt an einen ihm wohlbekannten Stuhl. Das Kino dagegen drückt die Realität mit der Realität aus, und ist daher eine von den anderen völlig verschiedene Sprache; so sehr verschieden, daß der saussurianische Linguist entsetzt ist, wenn ich das Kino eine Sprache nenne ... eben weil sie nicht symbolisch ist ... Die Objekte und die Personen sind also genau diejenigen, die ich mit dem audiovisuellen Medium reproduziere. Damit kommen wir zum Punkt: Ich liebe das Kino, weil ich mit dem Kino immer auf der Ebene der Realität bleibe. Es ist eine Art persönliche Ideologie, ein Idealismus, ein Zwang, mitten in den Dingen zu sein, im Leben, in der Wirklichkeit ... Die tiefe und verborgene Wurzel meiner (filmtheoretischen) Position ist diese irrationale Liebe zur Realität.[193]

Dieses physische Festhalten einer flüchtigen Wirklichkeit, diese Identifikation mit ihr, die er schon im Dialekt gefunden hatte, findet er jetzt im Kino: in der audiovisuellen Sprache im allgemeinen und im *Kino der Poesie* im besonderen. Das *Kino der Poesie* ist ein neuer Filmstil, den er bei Antonioni, Bertolucci, Godard (und natürlich bei sich selbst) entdeckt hat und der sich vom Prosakino der Klassiker unterscheidet: er ist subjektiver, freier, nicht normativ; die Kamera ist nicht «glatt», der Zuschauer «spürt» sie, die Aussage des Autors ist direkt und persönlich. *Der Autor übernimmt den Seelenzustand, der den Film bestimmt – es ist der des kranken, nicht normalen Protagonisten – in einer ununterbrochenen «Mimesis», die ihm sehr viel stilistische Freiheit läßt.*[194] Diese filmische Mimesis nennt Pasolini die *indirekte freie Rede*, ein Stilmittel, das definiert werden kann als *innerer Monolog, der keine explizit begriffliche und abstrakt-philosophische Ebene hat*[195]. Diese *indirekte freie Rede* bringt die eigentlichen Elemente des Kinos, das *Traumhafte, Barbarische,* Irrationale, Dinghafte zur Geltung. Im Unterschied zum Schriftsteller hat der Filmemacher kein Wörterbuch, dem er das Rohmaterial seiner stilistischen Arbeit entnimmt, er hat nur die Unendlichkeit der Dinge, das Chaos. Dieses Chaos, die Wirklichkeit, ist aber *letztlich nichts anderes als Kino in Natur. In Wirklichkeit machen wir, indem wir leben, praktisch existieren, handeln, Kino. Das ganze Leben, in der Komplexität seiner Handlungen, wird natürliches und lebendiges Kino: darin ist es, linguistisch gesehen, das Äquivalent der mündlichen Sprache in ihrem natürlichen und biologischen Moment.*[196] Darauf – auf den Unterschied zwischen mündlicher und schriftlicher Sprache der Realität – auf die Unterscheidung zwischen Kino (langue) und Film (parole) und auf eine von ihm «entdeckte» Doppelstruktur der Kinosprache baut Pasolini seine Linguistik des Films auf – deren erklärtes Ziel es auch ist, *die Unschuld der Technik bis zum letzten Blutstropfen zu entmystifizieren*[197]. In einem späteren Artikel definiert Pasolini die Realität selbst als Sprache und analysiert sie als *Ur-Code* jeder Sprache, nicht nur des Kinos.[198]

Der politische Sinn dieser Versuche ist sicher, die verlorene Rolle des Intellektuellen, das Engagement der fünfziger Jahre nicht einfach zu beweinen, sondern auf der «Höhe der Zeit» wiederzufinden. Der andere, untergründige Sinn ist seine *Liebe zur körperlichen Welt.*

Meine fetischistische Liebe zu den «Dingen» der Welt verbietet mir, sie als natürliche zu sehen. Entweder sie heiligt sie oder sie entweiht sie mit Gewalt, eines nach dem anderen: sie verbindet sie nicht in einem maßvollen Fließen, dieses Fließen akzeptiert sie nicht. Sie isoliert sie und betet sie an, mehr oder weniger stark, eines nach dem anderen.[199] Dieses Zerstückeln der Realität durch die Montage ist für Pasolini gleichzeitig ein *Töten*: *Aus etwas Gegenwärtigem wird etwas Vergangenes.*[200]

So führt ihn letztlich auch seine «positive» Filmtheorie nicht aus der Aporie seines Lebens heraus, die er schon fünfzehn Jahre früher bei einem Dialektdichter beschrieben fand: *Ognun che si esprime, se perde*[201] – Wer sich ausdrückt, verliert sich.

Der Tod geisterte schon lange durch Pasolinis Texte, nicht nur als zentrales Thema seit seinen ersten Gedichten, sondern auch in Anspielungen auf seinen eigenen, als gewaltsam vorgestellten Tod. Ein Jahr vor diesem Vergleichen des Filmschnitts mit dem (sinngebenden) *Tod, der eine blitzartige Montage unseres Lebens vollzieht*[202], ist ihm Pasolini knapp entgangen. Er war mit Moravia und Dacia Maraini (dessen Lebensgefährtin, mit der Pasolini später ein Drehbuch zu einem seiner Filme schreiben wird) beim üblichen Abendessen in der Trattoria. Nachdem er zur Toilette gegangen war, stürzte er plötzlich in den Saal und brach in einer Blutlache zusammen. Das Blut sprudelte ihm aus dem Mund: ein Magendurchbruch. Er wurde mehrmals ohnmächtig, sah aus wie tot und hielt sich in großer Angst an Dacia Maraini fest. Sie brachten ihn schnell zum Arzt, und Pasolini durfte mehrere Wochen das Bett nicht verlassen. Er war auf 50 Kilogramm abgemagert und mußte jahrelang Schonkost essen. Die üppigen Essen, meist in größerer Gesellschaft, bei seiner Freundin Laura Betti, konnte er nicht mehr mitmachen. Diese plötzliche Erfahrung seiner körperlichen Hinfälligkeit, der Schwäche, des Älterwerdens, hinterließ deutliche Spuren in seinem Leben.

Mit Dacia Maraini

Vielleicht nicht ganz zufällig ist die Gleichzeitigkeit seiner Krankheit und die intensive Beschäftigung mit seinem Vater. Er schrieb oder entwarf in seinem Krankenbett sechs Theaterstücke, die sich alle um das Thema drehen: Familie, Vater, Söhne.

Pasolinis Leidenschaft fürs Theater blieb eine relativ kurze Episode. Er hat sie, auch aus Zeitgründen, nicht sehr konsequent verfolgt. Zu seinen Lebzeiten wurden nur wenige Stücke aufgeführt – er selbst hat *Orgia* (*Orgie*) inszeniert – und nur wenige hat er für die Drucklegung endgültig überarbeitet. Im Unterschied zu seinem ersten dramatischen Versuch im Friaul ist dieses Theater sehr hermetisch, gedankenschwer, verschachtelt. Er beschreibt seine Absichten im *Manifest für ein neues Theater*[203] und fordert das *teatro di Parola* (*das Wort-Theater*), das der Autor nicht für das übliche Theaterpublikum schreibt, sondern nur für «seinesgleichen» und dessen *wahre Personen die Ideen sind*[204]. Das Wort, das dichterische Wort, bildet seinen Mittelpunkt. Auch die Wahl der problematischsten Form des Dramas, der Tragödie, gehört in dieses Konzept.

Im Stück *Affabulazione* schickt sich der Vater an, den Sohn, von dem er erotisch angezogen ist, zu ermorden, und er bezeichnet das als *Königsmord*. Pasolini identifiziert sich dabei mit dem Vater, der hier der *Andere* ist, und nicht mit dem Sohn – und diese Identifikation, die sich auch in anderen Stücken, Filmen, Gedichten dieser Zeit findet, ist Zeichen eines neuen Verhältnisses auch zu seinem eigenen Vater. *Letzthin, während ich an «Affabulazione» schrieb, ein Stück, das wie «Teorema» oder «Ödipus» das Verhältnis zwischen Eltern und Kindern behandelt (in diesem Fall ein besonderes Verhältnis zwischen Vater und Sohn), wurde mir bewußt, daß dieses ganze Gefühls- und Sexualleben, das ich mit dem Haß auf meinen Vater erklärt habe, sehr gut vor allem mit der Liebe zu meinem Vater erklärt werden könnte: einer Liebe, die wahrscheinlich auf meine ersten zwei, drei Lebensjahre zurückgehen muß.*[205]

Das Bewußtsein, alt zu werden, das ihm seine Krankheit so dramatisch gab, begleitet vom Gefühl, selbst *ein Vater* geworden, ins Lager der Väter gewechselt zu sein (schon vom Tankstellenjungen, der ihn angezeigt hatte, fühlte sich Pasolini als *Vater, der nicht den Vätern gleicht* erkannt) – und die beginnende Protestbewegung der Studenten machte ihm den Generationensprung zur Gewißheit.

Das starre Bild von der guten Mutter und dem bösen Vater hatte sich schon etwas aufzuweichen begonnen: ... *mein Vater, das dramatischste Verhältnis, das ich in meinem Leben hatte.*[206] Der Tod des abgelehnten und gehaßten Vaters rief natürlich im Sohn Schuldgefühle hervor, doch seine Problematisierung und komplexe Sichtweise des Vaters gingen darüber hinaus – und waren, wie immer bei Pasolini, von gesellschaftlichen Motiven überlagert. Bisher hatte das Verhältnis autoritärer Vater – abweichender Sohn eindeutige Verkörperungen gefunden: im Friaul stand der grausame Gott dem häretischen Christus gegenüber, die sündige institutionalisierte Kirche der Reinheit, Unschuld, Sinnlichkeit des *Anderen*; später sind es die bürgerliche Gesellschaft, der Staat, die dem abweichenden Intellektuellen oder dem jugendlichen Subproletarier entgegengestellt werden; oder Reife und Tod *korrumpieren* die Unschuld der Dritten Welt. Das traurige Ende seines Vaters ließ ihn jedoch, mehr oder weniger bewußt, auch Parallelen zu seinem eigenen Schicksal sehen. Sein Vater war das Opfer widriger Verhältnisse, er konnte seinen Stolz des Adligen, seine Werte der Autorität und der Tradition nicht mit der Welt in Einklang bringen: im einfachen, bäuerlichen Friaul fand er dafür kein Verständnis, mußte er sich unterordnen; seine Frau konnte seine leidenschaftliche und besitzergreifende Liebe nicht erwidern; sein geliebter Sohn schlug sich auf die Seite des mütterlichen Friaul, war ein homosexueller, skandalöser, kommunistischer Dichter; dann der Verlust seines Vermögens, der verlorene Krieg, die plötzliche Verhöhnung des Faschismus, die Gefangenschaft, die Krankheit. Der Vater paßte sich aber an die feindliche Welt nicht an, er ging den Weg der konsequenten Selbstzerstörung: *Er wollte sich nicht kurieren, im Namen seines rhetorischen Lebens ... er war einer, der ständig verzweifelt den Kopf gegen die Wand stieß.*[207] Diesen Hang zur Selbstzerstörung erkannte Pasolini auch bei sich selbst: *Ich liebe das Leben so unbändig, so verzweifelt, daß mir daraus nichts Gutes erwachsen kann. Ich meine das*

physische Leben ... Ich verschlinge, verschlinge – ... wie das enden wird, weiß ich nicht.[208]

Die gesellschaftliche Entwicklung macht ihm immer mehr deutlich, daß er, wie sein Vater auch, einer *vergangenen Welt* angehört, die an der gegenwärtigen nur zugrunde gehen kann. Die achtundsechziger Bewegung, die ihm den endgültigen Untergang seiner religiösen Welt, seiner mythischen Vergangenheit bedeutet, unterstrich diese Nähe zum Vater, diese Gemeinsamkeit. Jetzt sind es die Söhne, die für Pasolini bisher die *Unschuld* gegen den *Konformismus* repräsentiert hatten, die eine bürgerliche, rationale, entheiligte Welt vollenden. Pasolini, der abweichende Sohn, wird jetzt zum abweichenden Vater, und stellt sich zugleich gegen den bürgerlichen Vater und die bürgerliche Protest-Jugend.

In einem autobiographischen Gedicht, das er 1968 in Form eines «Nachrufs zu Lebzeiten» schrieb (ähnlich wie ihn die Zeitungen für alle Fälle bereithalten), heißt es: *Gerade 1968, dem Jahr, in dem er, ohne großes Bedauern versuchsweise starb / hatte er die erste große Krise seines Lebens. Warum? / Weil er zum erstenmal in seinem Leben gewahr wurde,*

99

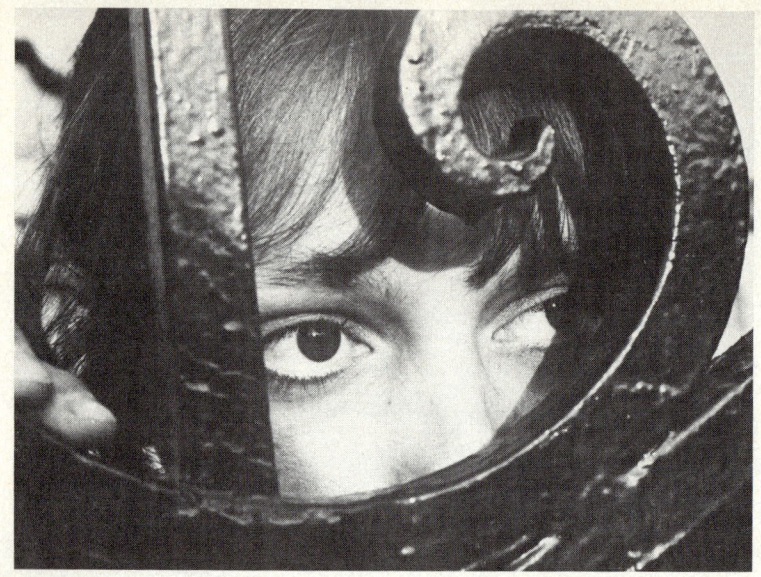

«*Teorema*»

daß er ein Vater ist. / ... Dieser zwanzigjährige Sohn bringt seinen Vater um: / Aber Väter gibt es hier zwei ... / Wenn er den bürgerlichen Vater umbringt, so ist das bloß logisch / und der Kampf ist nur ein interner. / Wenn er den marxistischen Vater umbringt aber, / dann wird er selbst der Bürgerliche, objektiv. / Armer Junge! / Aber für mich, Ledigen, was bedeutet all das, / wenn nicht, daß meine Söhne wie meine Väter waren?[209]

Eine weitere Tragödie, die er während seiner Krankheit konzipierte, war *Teorema*. Er machte dann aber doch kein Theaterstück daraus, sondern zwei Jahre später, im Frühjahr 1968, einen Roman und einen Film: *Ich fühlte, daß diese Liebe zwischen dem göttlichen Besucher und den Personen aus dem Bürgertum stumm viel schöner war.*[210] Auch hier steht die Familie im Mittelpunkt, und in hervorragender Stellung der Vater. Pasolini identifiziert sich mit dem Vater, er ist aber gleichzeitig auch jede andere Person dieses Films: die bürgerlichen Familienmitglieder, die bäuerliche Magd, der geheimnisvolle Gast haben klare autobiographische Züge. Der Autor ist der wahre Protagonist. Darin ähnelt *Teorema* den Tragödien. Pasolini redet jetzt unmittelbarer, persönlicher von sich selbst, er geht nicht mehr den Umweg über eine vitalistische, unschuldige Welt. Aber je mehr das Private zum unmittelbaren Ausdruck drängt, um so kunstvoller wird die allegorische Vermittlung, die symbolische Verkleidung. «*Große Vögel, kleine Vögel*» bezeichnet den Übergang von *einem national-volkstümlichen Werk gramscianischer Prägung zu einem problematischen Werk-Typus, der ambivalent, schwierig, mehr für «Eliten» ist, und der in «Teorema» seinen Höhepunkt hat.*[211] Das Werk Pasolinis wird in der Tat schwierig (für das Kino vielleicht zu schwierig?), und er muß in zahlreichen Interviews, Gesprächen, Artikeln seine Filme erklären – und er tat es unermüdlich und mit viel Geduld. Er erklärte, warum er diese oder jene Einstellung gemacht hatte, warum er diesen oder jenen Schauspieler genommen hatte, was dieser oder jener Film für ihn bedeutete usw. – aber was letztlich der Sinn des jeweiligen Werkes ist, konnten solche Gespräche nicht klären. *Teorema* löste endlose Diskussionen aus. *Der Film ist rätselhaft, das ideologische Thema ist in die Tiefe der Dinge aufgelöst, in die Gefühle der Personen. In gewisser Weise bleibt der Film in der Schwebe, das Ende ist kein Schluß. Alle Personen enden mit einem Fragezeichen, mit mysteriösen Akten, die mehr oder weniger der Ausdruck ihrer Krise und ihrer Unfähigkeit sind, sie zu lösen.*[212] Diskussionen gab es auch über den Preis, den er in Venedig erhielt, und über die Beschlagnahmung des Films «wegen Obszönität». Der Preis war der begehrte Internationale Katholische Filmpreis (den Pasolini schon für das *Evangelium* erhalten hatte), was zu Aufregungen innerhalb der Kirche geführt hatte und auch im Widerspruch zu der richterlichen Verurteilung stand. Ein «Skandal» war auch, daß Pasolini den Film im letzten Moment vom Festival zurückzog, um dadurch gegen dieses *Festival der Produzenten* zu protestieren; dasselbe hatte er auch mit dem Buch *Teorema* beim Premio Strega gemacht. Beim Prozeß sagte Pasolini zur Verteidigung des Films: *In der heutigen Welt lebt das Individuum, ein Opfer der Entfremdung, mit einer falschen Vorstellung seiner selbst, unauthentisch. Das Verhältnis von Authentischem und Unauthentischem liegt außerhalb der sprachlichen Kommunikation: in der Tat s p r i c h t der Gast nicht mit den anderen Personen des Films, er hat vielmehr mit allen ein Liebesverhältnis. Deshalb ist der Film rein symbolisch. Wenn der Gast abreist, sind alle völlig verändert; trotzdem sind sie, wenn auch in unterschiedlicher Weise, nicht in der Lage, die Authentizität, die ihnen zuteil geworden ist, zu verstehen. Also stürzt der Einbruch des Authentischen in die unauthentische Welt diese nur in die Krise, eine Krise aber, die selbst eine Form der Rettung ist.*[213] (Da er das Allegorische der Erotik beweisen konnte – *die Erotik ist für mich ein Zeichensystem*[214] – wurde der Film übrigens freigegeben.)

Teorema ist – obwohl wieder einmal der «ganze Pasolini» darin verpackt ist – einer seiner am genauesten komponierten und beherrschten Filme: eine bewußt einfache Bildsprache wird in einer elementaren Syntax vorgetragen; Nahaufnahmen und strenge Handlungsführung zeigen die Figuren in ihrer Isolation; ein Lehrgedicht, nach mathematischen, fast mechanischen Regeln aufgebaut. Wieder scheint der Stil, wie in den Gedichten der fünfziger Jahre, den Ansturm drängender und sich widersprechender Gefühle, den Aufschrei, bändigen zu müssen. Farben, wiederkehrende Motive, Gegenstände gehorchen einem klaren Rhythmus. *«Teorema» gründet, wie der Name sagt, auf einer Hypothese, die sich mathematisch als absurd beweist: was würde passieren, wenn eine bürgerliche Familie den Besuch eines jungen Gottes erhielte, sei es Dionysos oder Jehova?[215] Die Ideologie beginnt mit dieser Feststellung: die industrielle Gesellschaft hat sich in totalem Widerspruch zur vorangegangenen Gesellschaft entwickelt, zur (im Film von der Magd repräsentierten) bäuerlichen Zivilisation, die den Sinn des Heiligen besessen hatte. Im folgenden fand sich dieser Sinn des Heiligen an die kirchliche Institution gebunden und konnte bis zur Grausamkeit degenerieren. Dieses Gefühl des Heiligen beherrschte das Zentrum des menschlichen Lebens. Die bürgerliche Zivilisation hat es verloren. Womit hat sie diesen Verlust ersetzt? Mit der materialistischen Ideologie des Wohlstands und der Macht.[216]*

Die Personen der bürgerlichen Familie werden sich, durch den mythischen Gast, blitzartig ihrer ganzen Falschheit bewußt: dieser *mütterliche* Gott entfesselt ihre wahren Wünsche. Der Film, der zwischen seinem soziologisch-realistischen (Interviews, Milieuschilderungen, Physiognomien) und seinem mythischen Element (der Gast, das Wunder, die Wüste) unentschieden ist, entwickelt die Bedeutung dieser Metapher weni-

«Teorema»

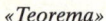

ger klar als das Buch, das noch ein drittes Element besitzt, die erklärenden Gedichte. Sie verdeutlichen vor allem das komplexe Motiv der Wüste: zugleich das Nichts und das Prinzip des Anfangs und der Einheit, das reine Sein. *Die Wüste zeigt sich mir als das, was / in Wirklichkeit allein unentbehrlich ist.*[217]

Alles, was den Personen bisher wichtig erschien, ist entbehrlich, ihr ganzes bisheriges Leben war irreal. Nachdem sie die Realität – die sexuelle Vereinigung mit dem Gast – erfahren haben, können sie, nach dessen Abreise, mit ihrer Irrealität nicht mehr leben. Sie suchen nun verzweifelt die Realität wiederzugewinnen: mit rationalistischen, pragmatischen Methoden, jeder auf seine Art. Der homosexuelle Maler Pietro, der Sohn, studiert die geheime Struktur eines Gemäldes, versucht völlig neue Maltechniken; seine Schwester vermißt mit dem Metermaß die Abstände zwischen allen Gegenständen der Umwelt; die Mutter sucht einen verzweifelten Ausweg in sexuellen Beziehungen mit Jungen von der Straße. Aber sie verlieren so die Realität noch mehr. Dann versuchen sie es mit dem Gegenteil: sie versuchen, die Realität dadurch zu gewinnen, daß sie sie verlassen, aus ihr heraustreten – zur *Wüste* zurückkehren. Pietro versucht blind zu malen; seine Schwester erstarrt und verstummt unheilbar; der Vater verschenkt seine Fabrik und geht in die Wüste. All das ist in gewisser Weise eine Erlösung, aber ihr Sinn bleibt offen. Auch die Magd verläßt die Realität – sie erhebt sich, in einem Wunder, über die Dächer ihres Bauernhofs –, doch die Flucht dieser nicht-bürgerlichen Figur, deren Wurzeln zur bäuerlichen, realen Welt noch nicht ganz abgestorben sind, scheint einen Sinn zu haben: ihre Tränen können Kranke heilen. Sie selbst (sie wird dargestellt von Laura Betti; die alte Bäuerin, die sie führt, ist Pasolinis Mutter) kann sich nicht retten. Sie läßt sich stehend in die Erde ihrer Heimat eingraben. Aber der Gast hatte zu ihr gesagt: *Du bist die einzige, die weiß, wenn ich abgereist sein werde, / daß ich niemals wiederkehre, Du wirst mich dort suchen, / wo Du mich finden wirst.*[218] Das ist *die Komplicenschaft zwischen dem Subproletariat und Gott ...*[219]

Mit *Teorema* befinden wir uns schon mitten in der Spätphase von Pasolinis Filmschaffen. Sie ist charakterisiert durch zwei Trilogien, die spätere *Trilogie des Lebens* und das, was man die Trilogie des Mythos nennen könnte: *Edipo Re* (1967), *Porcile* (1969) und *Medea* (ebenfalls 1969).

Wie in *Teorema* schon deutlich wurde, glaubt Pasolini immer weniger daran, daß die alte (menschliche und religiöse) Welt vor der endgültigen Zerstörung durch die neue (materialistische, gottlose) bewahrt werden kann. *Wer inmitten des Kampfes der alten Welt angehört, geht in einer geistigen Katastrophe unter,* sagt er über *Medea,* aber er könnte es genausogut von sich selbst gesagt haben – und er fügt hinzu: *Aber seine Anwesenheit ist ein Protest gegen die neue Welt.*[220] Diese Rückwendung zu einer *verlorenen Brüderlichkeit* beschrieb er einmal selbst als *Psychologie des verwundeten Tieres, das von der Meute, vom Clan in die Enge getrieben*

«Medea»

ist[221]. Sein Kino kann er in dieser Situation nur in Opposition zur Kulturindustrie verstehen. *Wie kann man sich dem Kino als Medium der Massenkultur widersetzen? Indem man aristokratisches Kino macht: unkonsumierbar.*[222] *Ich komme immer mehr zu der Überzeugung, daß das Kino, das ich mache, immer weniger «konsumierbar» ist von denen, die man die «Massen» nennt ... Ich versuche, eine Sprache zu schaffen, die den mittleren Konsumenten, den Mann von der Straße, in eine Krise versetzt.*[223]

In *Medea* kam diese hermetische und zugleich mythische Konzeption zu ihrem vorläufigen Abschluß. Im Unterschied zum Ödipus-Film, der in einer aktuellen, in der Gegenwart spielenden Rahmenhandlung eingebettet ist, und zu *Porcile,* dessen eine Hälfte nicht in *vorgeschichtlicher* Zeit, sondern im Hitler-Deutschland spielt, führt *Medea* nie aus der mythischen Vergangenheit heraus. Pasolinis Kino ist aber nicht nur mythisch, weil es mythologisierendes Material benutzt, sondern ihm haftet insgesamt etwas Mythisches an, ein «mythischer Blick». Man kann sogar sagen, daß seine ersten Filme «mythischer» waren, indem sie das Überhistorische, Sakrale der h e u t i g e n Wirklichkeit festzuhalten versuchten. Der Mythos muß etwas Un-willkürliches, Notwendiges, auch Überpersönliches haben, man muß an seine beunruhigende Realität glauben. Das eigentlich Mythische an diesen mythologischen Filmen der späten sechziger Jahre ist, daß Pasolini sie keineswegs als bebilderte Vergangenheit, sondern als Gegenwart begreift, als blutige Kämpfe, in denen unser heutiges Schicksal besiegelt wurde: die Gegenwart gründet darin. *Die Permanenz der großen Mythen im Kontext der modernen Welt hat mich immer getroffen, aber noch mehr das unaufhörliche Hineinspielen des Heiligen in unser alltägliches Leben. Es ist diese zugleich offensichtliche und doch der rationalen Analyse nicht greifbare Präsenz, die ich in meiner Schreib- und Kinoarbeit zu erfassen versuche.*[224] Pasolinis *Empörung über die Abwesenheit des Heiligen* steigert sich in *Medea* zu einem wahren Blutrausch – und er ist ganz eindeutig, ohne dialektische Vermittlung, auf seiten Medeas, der Anderen, der Barbarin. *«Medea» ist der Zusammenstoß des archaischen, hieratischen, klerikalen Universums mit der Welt Jasons, einer rationalen und pragmatischen Welt. Jason ist der Held der Gegenwart (die mens contemporanea), der nicht nur den Sinn fürs Metaphysische verloren hat, sondern sich Fragen dieser Art gar nicht mehr stellt. Er ist der willenlose «Techniker», dessen Suche nur den Erfolg vor Augen hat.*[225] Wenn die Barbarin Medea diese neue Welt einmal betreten hat und von ihrer Erde getrennt ist, ist die Tragödie unabwendbar, gibt es kein Zurück mehr: sie zerstückelt ihren Bruder, stürzt die Braut Jasons und deren Vater in den Tod, erdolcht aus Liebe ihre beiden Kinder und bringt sich schließlich selbst um. *Wenn Sie wollen, könnte das sehr gut die Geschichte eines Volkes der Dritten Welt sein, eines afrikanischen Volkes zum Beispiel, das im Kontakt mit der materialistischen westlichen Welt dieselbe Katastrophe erfahren könnte ... Mit einer anderen Zivilisation, dem Geschlecht des «Geistes» konfrontiert, entfesselt er (Jason) eine furchtbare Tragödie.*[226]

In der Dritten Welt fand Pasolini zu jener Zeit den einzigen Alliierten in seiner immer stärker werdenden Verzweiflung angesichts eines total werdenden *Neokapitalismus.* Der ganze erste Teil in *Medea* ist eine Beschwörung dieser Dritten Welt: wie in einem ethnographischen Dokumentarfilm registriert die Kamera in der Fels- und Höhlenlandschaft des anatolischen Kapadokien das Leben und die Rituale des archaisch-barbarischen Stammes der Medea. Allerdings ist das Dokumentarische nur inszeniert und wirkt etwas gewollt und barock ästhetisierend, dem ernsten Anliegen Pasolinis nicht ganz angemessen.

Die wirklichen Dokumente eines «ethnischen» Lebens im Film *Notizen zu einer afrikanischen Orestie,* den er im selben Jahr drehte, haben da eine viel tiefergehende Wirkung. (Dasselbe gilt für einen ähnlichen Film Pasolinis über Indien.[227]) Im unmittelbaren Eintauchen in eine andere, mysteriöse Wirklichkeit kommt die unnachahmliche Sensibilität und nervöse Aufmerksamkeit Pasolinis am besten zum Tragen. Moravia, der ihn auf vielen Reisen begleitete, sagte zu diesem Film: «Pasolini ‹spürt› das

Mit Maria Callas

schwarze Afrika mit der gleichen poetischen und ursprünglichen Sympathie, wie er seinerzeit die Borgate und das Subproletariat gespürt hatte.»[228] Der Zuschauer kann die *Orestie* und das heutige Afrika unmittelbar zusammendenken. Tragödie und Dokument verstärken sich gegenseitig, ohne daß man die genauere Ausführung des einen oder des anderen vermißte.

Die Unversöhnlichkeit Medeas konnte für Pasolini nur eine darstellen: Maria Callas. Schon beim Drehbuchschreiben wußte er, *daß sie es war... Dieses Barbarische, das tief in ihr liegt, das in ihren Augen, in ihren Zügen sichtbar wird, aber nicht direkt, im Gegenteil, die Oberfläche ist fast geglättet, das heißt, die zehn Jahre (Medeas) in Korinth werden so etwas wie das Leben der Callas. Sie entstammt einer bäuerlichen Welt, einer griechischen, agrarischen, und dann hat sie sich für eine bürgerliche Zivilisation gebildet. Also habe ich versucht, in ihrer Rolle das zu konzentrieren, was sie ist, in ihrer komplexen Totalität.*[229] Die große Callas, die bisher alle Filmangebote abgelehnt hatte, akzeptierte die Rolle, die ihr Pasolini gab. Ihre auf Intuition basierende Zusammenarbeit setzte sich in einer privaten Beziehung fort: hier hatten sich zwei verwandte Seelen gefunden.

Der Freibeuter
(Die letzten Jahre)

Die enge und auch schwierige Freundschaft mit der Callas beschrieb Pasolini in mehreren Gedichten. Einige bilden unter dem Titel *Die Heilige Stadt* einen kleinen Zyklus im Gedichtband *Trasumanar e organizzar,* den Pasolini – nach langer Pause – im Jahre 1971 herausbrachte. Sie drehen sich um das zwischen beiden unausgesprochen gebliebene Thema der Homosexualität. *Oh, eine schreckliche Angst; / die Fröhlichkeit explodiert / gegen diese nächtlichen Fenster / aber diese Fröhlichkeit, die dich ‹in voce› singen läßt, / ist eine Wiederkehr aus dem Tod / ... denn du hast die Erfahrung / eines Ortes, den ich nie betreten habe, EINE LEERE / IM KOSMOS / ... Wer ist es, in dieser LEERE DES KOSMOS / der in deinen Wünschen ist und den du kennst? / Es ist der Vater, ja, er! / Du glaubst, ich kenne ihn? Oh, wie du dich irrst / ... Du lächelst dem Vater zu – / jener Person, über die ich nicht das geringste weiß / ... aber mein schwaches, flüchtiges Lächeln / ist nicht Schüchternheit; / es ist das Entsetzen ... Ob es eine Schuld ist / oder nur ein Unfall: aber an der Stelle des anderen / ist für mich eine Leere im Kosmos / eine Leere im Kosmos / und von dort singst du.*[230]

Dieses *Entsetzen*, das diese Gedichte beschreiben, ist das Aufblitzen einer möglichen, zum Greifen nahen Normalität und ihr unaufhaltsames Erlöschen, fast im selben Augenblick. Die Mißverständnisse in Callas' Pariser Wohnung scheint der sonst um klare Worte nicht verlegene Pasolini nicht einmal in diesen späten Gedichten offen aussprechen zu wollen. Das läßt erahnen, daß er in diesem Augenblick die Normalität – nicht nur die «normale» Beziehung zu einer Frau, ein normales bürgerliches Leben überhaupt – als wirkliche Möglichkeit, als Ausweg, vor Augen hatte. *So nehmen meine Augen (zum erstenmal, ich wiederhole es) / diese schmutzigen Lenden einer Frau wahr, Menschenfleisch / nicht nach dem Ebenbilde Gottes geschaffen, Schlangenbeute.*[231]

Die Callas lebt ihm die mögliche Normalität, die mögliche Freiheit, auch in ihrer Biographie vor. Auch sie konnte nicht das Leben aller Mädchen leben, sie mußte die Alltäglichkeit, die normalen Mädchenwünsche dem Gesang, der Kunst, dem Außergewöhnlichen opfern. Doch jetzt war sie frei, die Zeit des Schweigens kann für sie eine *Zeit der Jugend* werden. *Nachdem sie gesungen hat, verzweifelt, alles gebend / und ein Mythos ge-*

*worden ist und nun, schweigend / neue Zeiten erwartet, im Himmel be-
schlossen ... wie eine Ordensschwester, die durch göttlichen Willen wieder
zur Novizin geworden / erwartet sie eine Erlösung, die / vorherzusehen sie
nicht in der Lage ist ...*[232]

Mit Maria Callas

Aber sofort sieht Pasolini für sich diese *Erlösung* versperrt, ihn wird niemand *vom Gelübde befreien*[233], vom Gelübde der Kunst und des Andersseins: die *Heilige Stadt* öffnet ihm die Tore nicht. Den *erwachsenen Mann,* den Vater, hat er nie kennengelernt, und die *erwachsene Frau,* die Mutter, hat ihn nie losgelassen. *Alles was ich gesehen habe, was ich weiß / gehört ihr, «alte verwelkte Brüste» ...*[234] Der Wunsch zu schweigen (zu schweigen wie die Callas), der sich durch den Gedichtband zieht, wird für ihn also nicht in Erfüllung gehen. Er wird nicht aus seinem Schicksal ausbrechen können, die Normalität (und die Gewöhnlichkeit) wird ihm versagt bleiben. Das vor allem, das gewöhnliche Leben, betrauert er an der Unmöglichkeit seiner Liebe zur Callas, eine Unmöglichkeit, die in der Sexualität bloß symbolisiert wird.

Dieses Trauma liegt dem ganzen Gedichtband zugrunde, es bestimmt ihn bis in die Formen hinein. Pasolini bricht mit seiner ganzen Form-Tradition, mit dem Stil aller seiner bisherigen Gedichte. Man sprach von einer «unmittelbaren Lesbarkeit», von einem «eigenen Ton, der aus der Abwesenheit jeden Tons» kommt, von «totaler Unabhängigkeit»[235] – aber es ist wohl eher angebracht, von der Abwesenheit jeder Poesie, jeden Stils zu sprechen. Es ist aber nicht Unfähigkeit zur Poesie, sondern Unfähigkeit, Poesie zu w o l l e n . *Ich – k e n n e und ich w i l l sie auch, aus Opposition, die Sinnlosigkeit jeden Wortes.*[236] Ein möglicher Grund für das Ende der Poesie wäre jene «Normalität» gewesen, die Kunst nicht mehr «nötig» hat; ein anderer ist die sich aufdrängende Gewißheit der Sinnlosigkeit des Gedichte-Schreibens überhaupt. Er nennt sich, den Dichter, eine *neue Art Hofnarr* und macht sich, mal sarkastisch, mal traurig, über sich lustig. *Ich höre auf, originell zu sein, das geht auf Kosten der Freiheit: ein stilistisches System ist viel zu ausschließlich. / Ich wende bewährte literarische Formeln an, um frei zu sein. / Natürlich aus praktischen Gründen.*[237]

Diese *praktischen Gründe* sind sehr vielsagend, wenn man weiß, wie sehr Pasolini den Pragmatismus haßte, wie sehr er ihn gerade in jenen Jahren bekämpfte. Er erklärt sich zum *dilettantischen Dichter, der nur aus Protest gegen den Neo-Sdanovismus Gedichte über seine Existenz schreibt.*[238] Pasolini versteckt sich hinter Zitaten und Formeln, hinter *Ironie* und *Humorismus,* er stellt seine Unernsthaftigkeit zur Schau, schreibt Gedichte in mehreren Fassungen – *Neu-Bearbeitungen* – und viele haben die Form eines *Kommuniqués an die ANSA,* der italienischen Nachrichtenagentur. *Was soll ich mitteilen, am Ende / meiner Karriere als Dichter, der, im tiefsten Grunde / sich der Menschheit für unentbehrlich gehalten hatte?*[239] Das Schweigen, die Leere ist die wesentliche Botschaft dieser Gedichte. Ihre Form, ihre zerstörte Form, ist Ausdruck seiner Niederlage, seiner Distanz zu dem, was um ihn herum geschieht. Das Verlassen der Kunst ist der Ausdruck des Verlassens der Realität, die er, der Häretiker, verlassen hat und die ihrerseits ihn verlassen hat: sie braucht ihn nicht mehr. (In der Tat wurde der Gedichtband von der Kritik kaum wahrge-nommen: Pasolini rezensierte ihn selbst![240])

Die Realität, aus der er sich ausgeschlossen sieht, ist dabei immer noch die politische Realität, er ist auch in *Trasumanar e organizzar* vor allem «poeta civile», engagierter, staatsbürgerlicher Dichter. Zwischen der lite-rarischen *Neoavantgarde,* die er verachtete, und der *Achtundsechziger Bewegung,* die er lächerlich machte, fühlte er sich aufgerieben, jeder Rolle beraubt, nirgends dazugehörend. Die Themen der Gedichte sind die aktuellen politischen Ereignisse, aber seine Stellungnahmen sind un-entschieden, ambivalent. Er erlebte die gesellschaftlichen Ereignisse im-mer noch als sein höchstpersönliches Schicksal, als existentielle Kämpfe – er spürte aber insgeheim, daß das eine bloße Einbildung sein könnte. Sein verzweifeltes Anderssein, seine verzweifelte Individualität – *wen interes-siert das noch?*; die Neue Welt, der Wohlstand, die *Studenten* haben ihn zum Fossil gemacht. Was schadet es, wenn in diesen Gedichten an die Stelle der existentiellen Widersprüchlichkeit, die er für Alle gelitten hatte, das bloße Nebeneinander (der Gefühle, der Standpunkte, der Pro-vokationen) tritt? *Meine Ratschläge werden die eines verrückten Gemä-ßigten sein.* / *Nach meinem Tod wird man, folglich, meine Abwesenheit nicht bemängeln:* / *Die Zweideutigkeit interessiert so lange, wie der Zwei-deutige lebt.*[241] Da Pasolini so sehr an einem möglichen Empfänger seiner Gedichte zweifelt, ist es nur konsequent, daß er keine neuen mehr schreibt. Und auch bei diesen letzten liegt ihm daran zu beweisen, daß dies keine Gedichte sind. Er ist beschäftigt mit der Destruktion der Gedichtform.

Weniger verständlich ist der zuweilen ungebrochene Prosa-Ton der Ge-dichte – der doch auf ein großes Publikum setzt – und noch weniger die Form, die sein dichterisches Verstummen immer mehr annimmt: der Journalismus, und zwar ein Journalismus für ein wirklich großes Publi-kum, in den größten italienischen Zeitschriften und Zeitungen. Erstaunt das nicht bei Pasolini, dem das Wort, das reine dichterische Wort über allem stand, dem «journalistisch» immer ein Schimpfwort, ein Synonym für Oberflächlichkeit, für Eintagsfliegen war?

Aber in dem Dichter Pasolini wohnten schon immer zwei Seelen, deren eine den Dialog mit den Massen, das unmittelbare, politische, pädago-gische Zwiegespräch mit ihnen suchte.

Wenn nicht schon die Wandzeitungen, die Reden auf politischen Versammlungen, der *Stroligut* des jungen Pasolini im Friaul darauf hin-deuteten, so müssen wir zum Verständnis des Journalismus als zentraler Äußerungsform der letzten fünf Jahre Pasolinis zumindest bis 1960 zurückgehen.

In diesem Jahr hatte er seine erste kontinuierliche Rubrik in einem «Massen-Blatt» begonnen: die *Dialoghi con Pasolini*[242] (*Gespräche mit Pasolini*) in den «Vie Nuove», der Wochenzeitschrift der KPI. Hier be-

Mit Nino Davoli

ginnt der Pasolini, der vor allen anderen nach seinem Tod im öffentlichen Gedächtnis geblieben war, über den Streitgespräche und Kongresse organisiert wurden und werden.

In den *Dialoghi* waren seine Gesprächspartner vor allem junge Kommunisten, die der Redaktion der «Vie Nuove» ihre Briefe zu politischen und persönlichen Fragen schickten, von denen Pasolini jeweils einen in einem längeren Artikel beantwortete. Die Vielfalt der Themen zeigt, daß er keinen Fragen auswich, doch überwiegen einige Themen: die Intellektuellen und das Engagement, die Sexualität, neue Bücher und neue Filme, der Faschismus, die Wahlen, die Dritte Welt, das Leben der Jugendlichen, die Sprache der Italiener, seine laufende Filmarbeit, Probleme des Schreibens und immer wieder: Biographisches. Es sind also «seine» Themen, die überwiegen, seine alten Themen und die neuen Themen jener ersten sechziger Jahre.

Sie kommen in den *Dialoghi* aber durchweg entschärft zur Sprache, vereinfacht, ihrer Spitzen beraubt. Diese Vereinfachung, diese Verbindlichkeit hat etwas Falsches, Verlogenes: es ist die Unehrlichkeit des Pädagogen, des väterlich Überlegenen. Es ist aber auch der ehrliche Versuch, der tiefe Wunsch, ein wirklicher Weggenosse der Kommunistischen Partei, der kommunistischen Jugendlichen zu sein. Er will kein freischwebender Intellektueller, er will ein ernster Genosse der *Massen-Partei* sein. *Blind und taub seien jene, die daran zweifeln, als würden sie die ungeheure Anstrengung zur Ehrlichkeit und zum intellektuellen guten Willen in dieser meiner Rubrik nicht sehen.*[243] *Was mich diese absolute Ehrlichkeit kostet – meine Freunde mögen mir verzeihen – ist sicher nicht schwer zu verstehen. Und die Festigkeit meiner Ideologie, meine absolute Treue zu ihr, scheint mir das auf unzweifelhafte Weise zu beweisen.*[244] An anderer Stelle heißt es dagegen: *All das ist naiv, ich weiß, ich wiederhole es. Aber wenn man so «im Guten» spricht, macht man solche Vereinfachungen.*[245] Er sucht in diesen Artikeln jedem polemischen Ton auszuweichen, er will vielmehr seine jungen Gesprächspartner verstehen, ihre Absichten, ihre wirklichen Fragen, ihren Charakter auch zwischen den Zeilen ihrer Briefe herauslesen. *Ich habe mehr auf die Substanz dieser Briefe geantwortet – auf den Brief, von dem Du nicht wußtest, daß Du ihn geschrieben hast . . .*[246]

Nur über eines scheint der «gute Genosse» Pasolini nicht hinwegsehen zu können, über das, was er *Konformismus* nennt. *Sie sind ein ehrlicher, klarblickender, kohärenter Arbeiter, daran ist kein Zweifel. Aber – entschuldigen Sie, wenn ich so grausam ehrlich bin – es gibt einen Schatten in Ihrer Persönlichkeit, eine gewisse Steifheit, einen gewissen Konformismus. Die Welt wäre zu einfach, wenn sie so wäre, wie Sie glauben . . .*[247] Diesen für einen kommunistischen Arbeiter schweren Vorwurf des «bürgerlichen Konformismus» muß er bald aber fast jedem Gesprächspartner machen, und nicht immer so begütigend und sanft wie bei diesem lombardischen Arbeiter. *Lesen Sie die Werke von Freud: dann werden Sie sehen, daß die Homosexualität ein psychologischer Komplex ist, der nichts mit der gesellschaftlichen Klasse zu tun hat . . .*[248]; kein Wort über seine eigene Homosexualität, kein Wort darüber, was er wirklich darüber denkt. Von der *Ehrlichkeit* ist Pasolini hier sehr weit entfernt. Er will an seiner Rolle festhalten, er muß an diesem Versuch festhalten, doch noch aktiv und sinnvoll in dieser Welt mitzumachen – die er in den parallelen Arbeiten jener Zeit, in den Gedichten der *Poesia in forma di rosa* etwa, in den schwärzesten Farben, mit endzeitlicher Düsternis malt. Der Widerspruch zwischen parteipolitischer Zurückhaltung und wirklicher Überzeugung, zwischen offizieller Oberfläche und privater «Tiefe», ließ sich immer weniger verbergen. Was er zehn Jahre später in einem Interview antwortete, hätte er eigentlich schon damals sagen können: *Ich glaube nicht, daß man politisch noch etwas tun kann . . . Ich glaube nicht an eine soziale, apriorische, weltliche, organische Arbeit. Aber obwohl ich daran nicht glaube, handle ich und verhalte ich mich gesellschaftlich weiterhin, als ob ich daran glauben würde.* [249] Zunehmend gibt er seine taktische Zurückhaltung auf. Nach längerwerdenden Pausen unterbricht er die Zusammenarbeit mit der Zeitschrift 1962 völlig und nimmt sie erst 1964, fast zwei Jahre später, wieder auf. Ein gutes Jahr danach verabschiedet er sich wieder für *eine Pause* von seinen Lesern – aber diesmal blieb es ein Abschied für immer. Das, was sich wie eine «Kraftprobe» mit der offiziellen Arbeiterbewegung ausnahm, war damit zu Ende – aber nicht seine Liebe zu ihr, seine oft tröstliche, oft unglückliche Liebe zur KPI.

Dieses Verhältnis begleitet ihn sein ganzes Leben, spätestens seit seinem unseligen Ausschluß aus der Partei wegen «moralischer Unwürdigkeit». Seine Entdeckung des Kommunismus lag da erst zwei Jahre zurück: *Was mich dazu gebracht hat, ein Kommunist zu sein, war der Kampf der friaulischen Landarbeiter gegen die Großgrundbesitzer, gleich nach dem Krieg.* [250] Seitdem wählte er kommunistisch, und er hat sich in jedem Wahlkampf für die Partei eingesetzt. Gleichzeitig hat er *sich der KPI immer mit Hingabe widersetzt. Ich erwartete mir eine Antwort auf meine Einwendungen ... (aber): eine brüderliche Polemik ist für eine blasphemische gehalten worden* [251], und seine Zuneigung wurde nur selten erwidert. *Auch in der «Macht, die gegen die Macht ist», gibt es Sektoren, die mich eliminieren wollen.* [252] Das schmerzte ihn, denn er sah in der Kommunistischen Partei nicht nur die objektiv einzige Alternative, das *saubere Land in einem schmutzigen Land,* er hat sie auch für sich selbst gebraucht: *Ein bißchen Sicherheit in soviel Wagnis ist menschlich* [253], ruft er aus; und: *Ich hasse die politische Unabhängigkeit.* Aber er fügt hinzu: *Meine Unabhängigkeit ist also, wie soll ich sagen, eine menschliche. Ein Laster. Ich kann nicht darauf verzichten.* [254] In *Trasumanar e organizzar* kann er dieses Hinundhergerissensein sogar als positiven Kompromiß fassen: *Es ist nur natürlich, daß ich mich dieser Spaltung habe anpassen müssen. / Ich werde gespalten sein: abgefunden und offiziell im Handeln, kritisch und allein / beim Schreiben der Gedichte. Hat man diese Trennung / vielleicht zu Recht – nicht immer schon gewollt?* [255] *Ich verrate einen Loyalitätspakt – den mit mir selbst, meinem Idealismus – / weil es mir richtiger erscheint, mich dem Loyalitätspakt der Arbeiter / anzupassen, und ihrer Partei, die so ist, wie sie sie wollen ...: armselig und fest, dürftig und stark,* wie die Arbeiter, zu denen er sich *im Innersten, unbewußt und natürlich* [256] hingezogen gefühlt hatte.

Zur Wiederaufnahme des Dialogs 1964 hatte er geschrieben: *Guttuso, der mit den Arbeitern über seine Malerei spricht, ist ein Mythos. Levi, der mit Bauern über moralische Fragen diskutiert, ist ein Mythos. Vielleicht bin ich es jetzt auch ein wenig ... aber wehe, wenn es ein Bild des Künstler-Führers gäbe. Jeder muß so sein, wie er kann, wie er wirklich selbst ist.* [257] Im *Abschiedsbrief* schreibt er ein Jahr später: *Die Figur des Schriftstellers als «Weggenosse» oder als Genosse überhaupt hat sich zu-*

tiefst gewandelt. Während er in den fünfziger Jahren eine Art Wächter des Heiligen Feuers war, und er und seine Leser, die Arbeiter, in einer gemeinsamen Hoffnung der Menschheit einen Fluchtpunkt hatten, scheint dieser gemeinsame Fluchtpunkt heute völlig verschwunden ... Andererseits hat sich keine neue «Figur» des Schriftstellers abgezeichnet.[258]

Ende der sechziger Jahre sucht Pasolini wieder das Gespräch mit einem Massen-Publikum, ohne allerdings die *neue Figur* des Schriftstellers gefunden zu haben. Aber sie hat sich auf jeden Fall grundlegend gewandelt. Er beantwortete wieder Briefe, aber nicht in einer Parteizeitschrift, sondern in einer bürgerlichen Publikumszeitschrift, im «Tempo». Diese Zeitschrift, die damals eineinhalb Millionen Leser erreichte, suchte einen großen, publikumswirksamen Namen, einen berühmten Gast-Kolumnisten. Pasolini war nur sich selbst verantwortlich. Das Publikum dieses Briefwechsels ist kein «Kollektiv» mehr, sondern irgendwer – und Pasolini nimmt die Briefe auch nicht mehr so ernst: sie sind ihm Anlaß, von dem zu reden, wovon er gerade reden will, was ihn gerade beschäftigt. Diese (wiederum wöchentliche) Rubrik trägt den Titel *Das Chaos* – warum, wird, glaube ich, nicht so ganz klar: vertritt Pasolini das Chaos, die Anarchie, die Freiheit gegen eine autoritäre, formierte Welt, oder ist er ein möglicher Fixpunkt im Chaos einer sich überstürzenden Realität? Pasolini selbst fühlte sich vor allem aus dem Chaos der Realität ausgeschlossen, im guten wie im schlechten Sinn: als Heiliger und als Verfolgter. Aus dieser Distanz, aus diesem privaten Leiden erwächst seiner Feder die nötige Autorität. *Ich, allein wie ich bin, außerhalb jeder Ordnung, um nicht zu sagen, jeden Gesetzes, maße mir die Fähigkeit zu einer absoluten Unabhängigkeit des Denkens und des Wortes an: es ist deshalb gerecht, daß ich dafür büße.*[259] (Er hat immer noch unter ständigen Prozessen zu leiden; in der Presse und im Fernsehen sieht er eine regelrechte Verschwörung gegen sich.) Über allem zu stehen und von allen verfolgt zu sein, darin sieht er das Schicksal seiner neuen «Rolle»: der Dichter als der «Nichtidentische» in einer totalen Ordnung.

Der abgelegte und abgelehnte Mythos des politischen *Künstler-Führers* macht also einem neuen Mythos Platz. Die «poetische Distanz» dieser Entrücktheit zeichnet auch die immer noch zahlreichen politisch aktuellen Artikel aus, in denen eine extreme Subjektivität an die Stelle der «kommunikativen» Objektivität getreten ist. (*Ich bin vollkommen allein, ich bin verletzbar. Meine provokatorische Unabhängigkeit.*[260]) Das Thema, das ihn am tiefsten berührt, ist immer mehr das tragische Verschwinden der Alten Welt, sei es der Rest einer Bauernkultur in Italien, sei es der Dritten Welt. (Und daraus kann, bei aller Verzweiflung, keine praktische Anleitung, keine politische Führung erwachsen ...) In den Antwortbriefen findet er immer wieder Anlaß zu dichten Beschreibungen dieser versunkenen Welt, zu Beschwörungen des *Duftes* eines vergangenen Lebens.

Es wäre herrlich, wenn sich ein Kampf – ich meine ein «extremistischer»
– zur Verteidigung eines alten historischen Mäuerchens entzünden würde,
das die Grundbesitzer abreißen wollen, um ein modernes Wohnviertel zu
bauen. Aber das wird nie geschehen, weil revolutionärer Puritanismus und
industrieller Puritanismus dasselbe sind, und sie die Liebe zur Schönheit
als Sünde ansehen.[261] *Auch die Arbeiterklasse spürt in keiner Weise die*
Heiligkeit des Vergangenen[262] – und so fühlt sich Pasolini auch mit seiner
Liebe zur *Welt der Schönheit,* mit seinem Gefühl des *Sakrilegs* angesichts
der Veränderung des Alten, allein. Was jahrhundertelang *ewig* war, beginnt sich plötzlich und gleichzeitig zu zersetzen – *wie von einem gemein-*
samen Willen, einem Geist durchdrungen ... Die Dinge sind absolut und
rigoros wie die Kinder und was sie sich vorgenommen haben, ist endgültig
und irreversibel. Wenn ein Kind spürt, daß es nicht geliebt und nicht er-
wünscht ist, sich «überzählig» fühlt, beschließt es unbewußt, krank zu wer-
den und zu sterben: und das tritt auch ein. Dasselbe tun jetzt die Dinge der
Vergangenheit, die Steine, das Holz, die Farben.[263] Und an die Stelle dieser *humanistischen Alten Welt* tritt das pure Nichts, das *horrende Univer-*
sum, die *technologische Gleichschaltung.* Und – ein weiteres Grundmotiv
seiner *Chaos*-Artikel – auch die Jugend, die Studenten der Protestbewegung können diesem technologischen Universum nicht widerstehen – im
Gegenteil, sie sind ein notwendiger Teil davon. Ihr Protest ist letztlich ein
Protest gegen alles Alte, ein Kampf der Bourgeoisie mit sich selbst, um
ihre letzten konservativen, veralteten Reste auszumerzen und der Neuen
Welt gewachsen zu sein. Die Studenten entfachen einen (kulturellen) *Fa-*
schismus von links[264]. *Es ist kein Zufall, daß das erste Thema, mit dem sich*
die Studenten präsentieren, das Thema der Macht ist: geboren aus einem
aggressiven Bewußtsein ihrer Rechte.[265] Er, der alte humanistische und
kommunistische Intellektuelle, kann diesem Kampf, dem Kampf um die
zeitgemäße bürgerliche Macht, nur ohnmächtig zusehen. Dieser Tenor
der Artikel aus dem Sommer 1968 wird nur selten durchbrochen werden
von dem Bewußtsein, daß nur diese «Studenten», diese achtundsechziger
Bewegung seine Gesprächspartner sein können, daß sie die Radikalität
verkörpern, die er in den alten Parteien und in einem veralteten Marxismus immer schmerzlicher vermißt hatte. Er haßt diese «selbstbewußten
Söhne» und er liebt sie, eine Haßliebe, die ihn bis zum Tode nicht mehr
verlassen wird. *Oh, unglückliche Generation, in deinem Ungehorsam hast*
du gehorcht / es war diese Welt, die von ihren neuen Söhnen verlangte, ihr
zu helfen / sich zu widersprechen, um weiter̆machen zu können; / ihr wer-
det alt werden ohne die Liebe zu den Büchern und zum Leben / perfekte
Bewohner einer erneuerten Welt[266], heißt es in einem Gedicht aus dieser
Zeit. Pasolini traut dem Kampf der Söhne gegen die Väter (die gleichen
Väter, die auch er immer bekämpft hatte) nicht: sie werden nur die Unbe-
wohnbarkeit der bürgerlichen Welt perfektionieren. Schon vor *Chaos*
stand dieses Urteil Pasolinis fest, schon bei den ersten größeren Aktionen

der Protestbewegung. Das Gedicht *Die KPI an die Jugend!* (April 1968), das sich anläßlich einer Straßenschlacht auf die Seite der Polizisten stellt, wiederholt dieses Motiv: die Polizisten sind Bauernsöhne aus dem Süden, Söhne der Armen und haben d e s h a l b recht, wie die Studenten unrecht haben, w e i l sie die Söhne des Bürgertums sind. *Als ihr euch gestern in der Valle Giulia geschlagen habt / mit den Polizisten / sympathisierte ich mit den Polizisten! / Denn die Polizisten sind die Söhne der Armen. / Sie kommen von den Peripherien, bäuerlichen oder städtischen. / Ich, ich weiß sehr gut / wie es bei ihnen ist, ein Kind, ein Jugendlicher zu sein / die wertvollen tausend Lire, der Vater, auch er ein Junge geblieben / wegen der Armut, die keine Autorität verleiht. / Die Mutter, schwielig wie ein Gepäckträger oder zart, / wegen irgendeiner Krankheit, wie ein Vögelchen / die vielen Geschwister, das Häuschen / zwischen den Gemüsegärten mit dem roten Salbei ...*[267]

Das Proletariat ist hier eine unveränderliche Gegebenheit, die Bourgeoisie ist zur Naturform erstarrt, zu einem Universum, das keine historische Dynamik mehr zuläßt, das sich nicht überwinden, das sich nur (in der Protestbewegung) bestrafen und gleichzeitig verfestigen kann. Mit jeder Erneuerung entfernt sie sich weiter von der einzigen Welt, die Pasolini lieben kann. Die Verstörung, in die Pasolini durch diese «Kulturrevolutionäre» gestürzt wird, geht äußerst tief. Ihre auch private Ursache ver-

stärkt die gesellschaftliche und Pasolini weicht ihrem schmerzlichen Be-
wußtwerden nicht aus. Die bürgerlichen Jugendlichen, die er aus eroti-
scher Sicht schon immer abstoßend fand, machen sich daran, alle Jugendlichen, die Jugendlichen aus den Armenvierteln, aus dem Süden, aus
der Dritten Welt zu assimilieren, ins bürgerliche Universum zu integrie-
ren. Sein letzter Mythos, seine letzte Hoffnung auf ein mögliches Anderssein verschwindet damit. Diese Jugendlichen, und die Kultur der Armut,
der Schönheit, für die sie stehen, waren seine einzigen Verbündeten in
seinem eigenen Anderssein inmitten einer bürgerlichen Welt. Ihr Verschwinden führt ihm vor Augen, daß auch sein eigenes Anderssein keinen
Sinn mehr hat, daß es kein Anderssein mehr geben kann: weder ein se-
xuelles – in der Permissivität; noch ein kulturelles – in der «revolutionären» Kulturfeindlichkeit nach '68; noch ein soziales – im universellen Bürgertum.

Seiner Hoffnung auf eine mächtige Dritte Welt hatte er mittlerweile
auch widersprochen[268], einer Dritten Welt, von der er einst prophezeit
hatte, daß sie uns erlösen wird: *Alí mit den blauen Augen / einer der vielen
Söhne von Söhnen / wird aus Algier herabsteigen, auf Schiffen / mit Ru-*

Filmarbeit in der Dritten Welt

dern und Segeln ... um uns zu lehren die Lebensfreude ... sie werden Rom zerstören / und auf den Trümmern / den Samen niederlegen / der Alten Geschichte.[269] Aber jetzt weiß er – er hat die Dritte Welt auf vielen Reisen kennengelernt, *auf die erkenntnisreichste Weise, die biblische –, daß sie darauf warten, von jemand anderem erlöst zu werden: in einem tiefen Betäubungsschlaf erwarten die farbigen Bauern eine neue Zukunft, die sie aus vorgeschichtlichen Bauern in ... Kleinbürger verwandeln wird.*[270]

Der berühmte Pasolini der *Freibeuterschriften* wurde, wie man sieht, von langer Hand vorbereitet. Das gilt auch für alle anderen Themen und Standpunkte des Freibeuters, auch sie wurden schon fünf oder fünfzehn Jahre vorher von Pasolini – auch journalistisch – abgehandelt. Nur haben die *Freibeuterschriften,* die Artikel im «Corriere della Sera» (und anderswo) der Jahre 1973 bis 1975 keinen insgeheimen inneren Widerstand mehr gegen ihre Form, oder fast gar keinen. Den Journalismus muß man, wie gesagt, als eine Degeneration seiner Äußerungsform begreifen. *Ich werde das nicht mit Freude machen. / Ich werde immer der Poesie nachtrauern, / die selbst Tat ist, in ihrem Fernsein von den Dingen / in ihrer Musik, die nichts ausdrückt, / nur die eigene, rauhe und erhabene Leidenschaft für sich selbst.*[271] Die Ästhetik, die Poesie war seine ursprüngliche Nabelschnur zur Welt, sein wohl eigentliches Lebenselement, und er hat es nicht freiwillig aufgegeben. *Ich mußte mir selbst widersprechen, weil auf historischer Ebene die Poesie ein Mythos geworden ist. Aber (dieser Verzicht) beruht auf einem Willensakt ... in meinem tiefen Inneren bleibt die Verehrung der Poesie unangetastet.*[272]

Ich stürze mich (mit dieser Rubrik) *in ein undankbares und verzweifeltes Unternehmen; aber es ist natürlich, es ist zwangsläufig, daß ein Schriftsteller in einer Gesellschaft, in der eine auffallende Geste, eine Anklage, das Einnehmen eines Standpunkts mehr wiegt als eine jahrelange literarische Arbeit, sich zu einem solchen Verhalten entschließt*[273], schrieb Pasolini schon im ersten Artikel des *Chaos.* Der Lyriker Pasolini gewann in diesen Zeitungsartikeln zwar immer wieder die Oberhand: Naturbeschreibungen, präzis geschilderte Stimmungen, poetische Bilder; auf der anderen Seite durchbrach er aber die gleichzeitige künstlerische Prosa immer wieder mit Interviews, politischen Kommentaren, soziologischer Berichterstattung. (Ist er da nicht selber – unfreiwillig – ein Achtundsechziger?) Und das Mißtrauen gegen die Kunst, die dunkle Inhibition, sich so auszudrücken, wie er es geliebt hätte, nahm zu. Die Kunst wird zum glücklichen Augenblick, zu seltenen Inseln im Alltag reduziert: *Sich ausdrücken – auch gegen die schlimmsten Widerwärtigkeiten – ist wunderbar*[274], ruft er nach der Fertigstellung des Films *Porcile (Der Schweinestall, 1969)* aus. Doch dann wieder: Verteidigung, Angriff, Opferseligkeit, verzweifeltes Sich-Wehren. Die künstlerischen Arbeiten der siebziger Jahre, vor allem die Filme der *Trilogie des Lebens*[275], verlieren merklich und merkwürdigerweise an Kraft, an Poesie. Der auftrumpfende Optimismus dieser Filme, die rücksichtslose Feier des Lebens, der Sexualität als Freude in ihrer vorbürgerlichen Derbheit und natürlichen Freiheit, scheint von der ursprungshaften Wärme seiner früheren Arbeiten verlassen. Dieser Optimismus, dieser Schalk, das Schwelgen in der bäuerlichen Schönheit – einer sehr eigenwilligen Schönheit – steht auch im krassen Gegensatz zu dem, was zur gleichen Zeit der *Freibeuter* schreibt.

Das große Echo auf diese Artikel in der größten, fast offiziellen italienischen Tageszeitung ist leicht zu verstehen – und sie wirken heute noch. Es hat sich auch noch keiner gefunden, der es Pasolini gleichtäte, der eine so breite, landesweite und eine so grundsätzliche Diskussion entfacht hätte. Pasolini hat verborgene Gefühle, geheime Gedanken zum erstenmal öffentlich ausgesprochen, viele Gedanken und Gefühle wohl auch zum erstenmal gehabt, und so konnten sich die Leser – nach dem ersten Schock – solches Denken auch mit der Zeit selbst gestatten, als möglich und normal akzeptieren. Er hat in Italien viel Eis gebrochen, Eis des Entweder-Oder, der Heuchelei, des Konformismus, und man kann in bestimmten Freiheiten zum Beispiel der heutigen Publizistik leicht erkennen, woher diese kommen – und vieles ist Allgemeingut geworden. In dieser Freiheit, in dieser stellvertretenden Befreiung sind auch diese Artikel poetisch, bleibt Pasolini in ihnen der Dichter (und er könnte zu ihnen wie zu den Filmen sagen: *Ich habe sie als Dichter gemacht*[276]). Pasolini entwirft weniger neue Theorien, er heftet den Blick vielmehr auf den ganz konkreten italienischen Alltag, er berührt die aktuellen Wunden seiner Gesellschaft,

«Trilogie des Lebens»

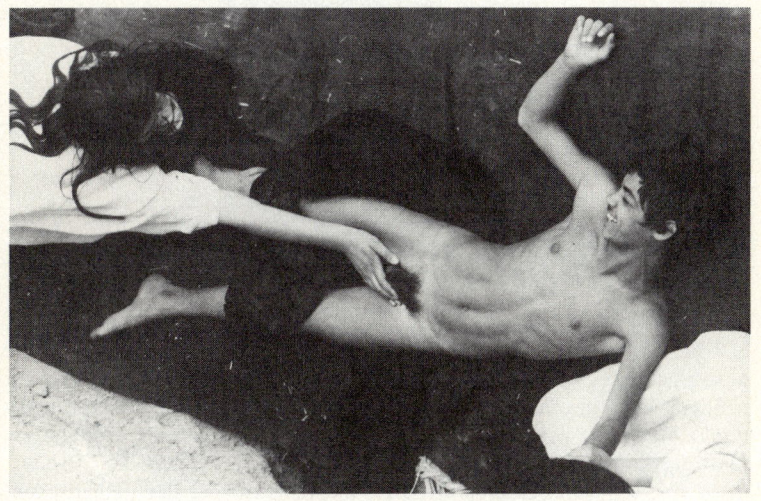

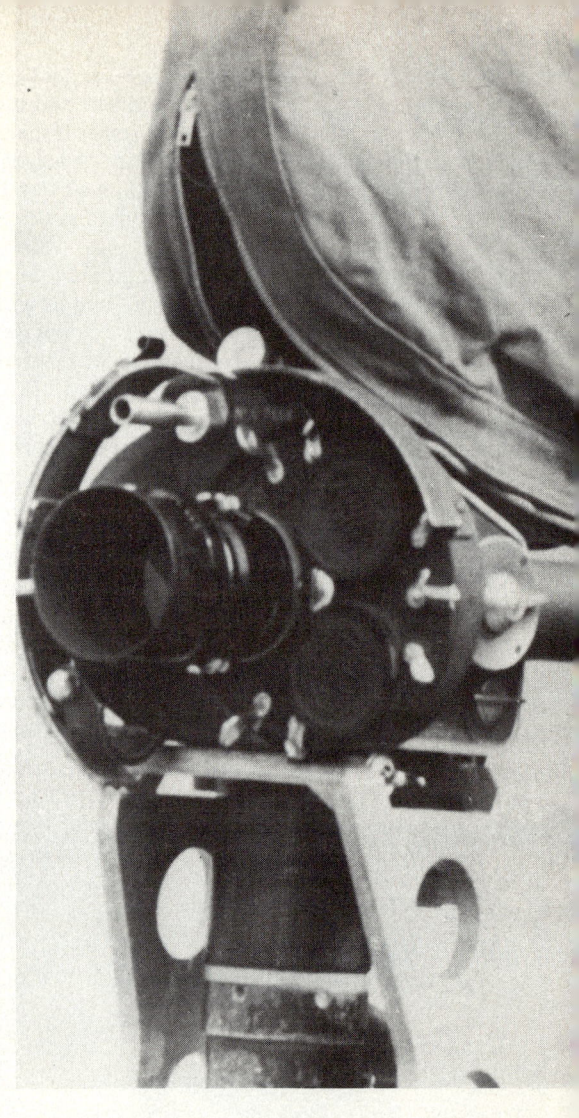

er fixiert den «Stand der Dinge». Der mikroskopische Blick, die Detail-
genauigkeit der Analyse, seine existentielle Verwicklung, die Schonungs-
losigkeit auch gegenüber sich selbst, verleihen seinem radikalen Standpunkt Gewicht, verhindern, daß der Leser wie über eine «Meinung»
hinweggehen kann. Pasolini dringt bis zur Körperlichkeit der Verhältnisse vor, sein Körper *kommuniziert* mit dem Körper der italienischen

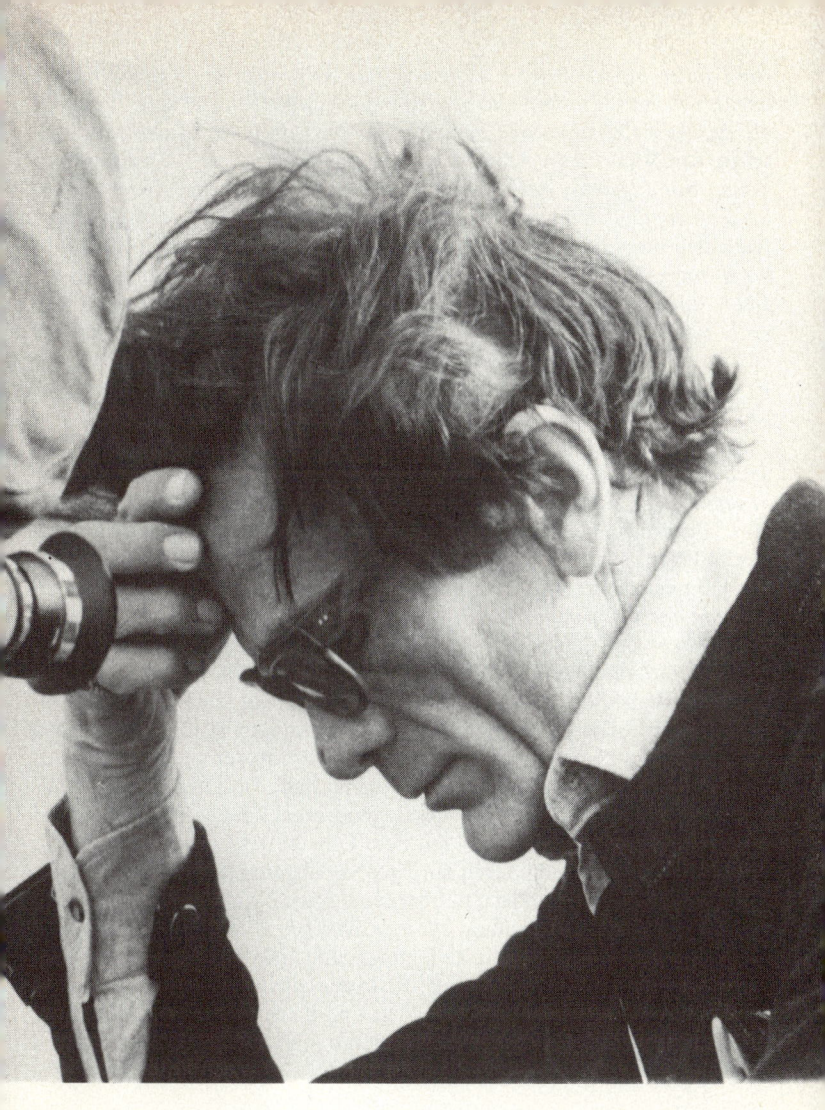

Gesellschaft, und er erreicht so eine unmittelbare *physische* Evidenz. *Für dich* (gemeint ist Alberto Moravia) *gibt es den Konsumismus und fertig, er berührt dich nur, wie sagt man, moralisch, während er dich im praktischen Leben berührt wie jeden anderen. Dein tieferes persönliches Leben bleibt davon unangetastet. Bei mir aber ist das anders. Als Bürger, ja, da bin ich davon berührt wie du, bin ich einer Gewalt ausgesetzt, die mich beleidigt*

121

(und darin sind wir Brüder, können wir an ein gemeinsames Exil denken):
aber als Person (du weißt das genau) bin ich unendlich viel tiefer betroffen
als du. Der Konsumismus besteht in einem wahrhaftigen anthropologi-
schen Kataklysmus (= Überschwemmung), und ich lebe, existenziell,
diesen Kataklysmus, der, wenigstens im Augenblick, reine Entartung ist;
ich lebe ihn täglich in meiner ganzen Lebensform, in meinem Körper.
Nachdem mein bürgerliches soziales Leben sich in der Arbeit erschöpft,
hängt mein sonstiges gesellschaftliches Leben völlig von dem ab, was die
Leute sind. Ich sage absichtlich «die Leute», ich meine damit, was die Ge-
sellschaft ist, das Volk, die Masse, in dem Moment, in dem sie mit mir
existenziell (und vielleicht auch nur visuell) in Berührung tritt. Es ist diese
Erfahrung, diese existenzielle, unmittelbare, konkrete, dramatische, kör-
perliche Erfahrung, aus der letztlich alle meine ideologischen Diskurse
entstehen ... Als anthropologische Transformation (und fürs erste als Ent-
artung) der «Leute» ist der Konsumismus für mich eine Tragödie ... Ich
verstehe nicht, wie ein Freund über all das Scherze machen kann.[277] Moravias *Scherz* bestand für Pasolini übrigens in der *nicht gerade hochherzigen*
Verknüpfung seiner Ablehnung der Legalisierung der Abtreibung mit seiner Homosexualität: *Du hast mich einen Katholiken genannt, um auf ein*
Trauma anzuspielen, dessentwegen die «Mehrheit» mein Leben – bewußt
oder unbewußt wie Himmler – als «lebensunwertes Leben» ansieht.[278] Von
seiner Homosexualität, von seinem Privatleben kann er jetzt (auch im
«Corriere della Sera») ganz offen reden, ohne noch jemanden zu schok-
kieren. Wirklichen Anstoß erregte nunmehr der Pasolini, der nach
«Moral» roch, der «Reaktionär» – wenn er etwa in der Legalisierung der
Abtreibung nichts anderes als eine pragmatische Bestätigung des Fakti-
schen sah: wenn man den Wert des ungeborenen Lebens gering achte, so
habe man sich – pragmatisch – mit dem Unwert des Lebens schlechthin,
mit seiner Entheiligung durch die *Irrealität* abgefunden. Diese Entheiligung des Lebens sieht Pasolini überall, sie ist in Wahrheit das Zeichen,
unter dem er die Auslöschung der *menschlichen Kultur der Armut* sieht.
Die Themen, an denen er dieser Entheiligung und dieser physischen Veränderung nachspürt: die Sprache, die Mode, das Fernsehen, die Schule,
die Kriminalität, die Kirche, die Parteien, die Sexualität, der Konsum,
sind bekannt, sie waren jahrelang, nicht nur in Italien, mit seinem Namen
verbunden.

Es ist fast verwunderlich, daß Pasolini in diesem technologischen *Univer-*
sum, in diesem erst *wahren Faschismus,* noch ein pädagogisches Traktat
für einen neapolitanischen Jungen schreibt: *Il Genariello*[279]. Ist dieser ge-
naugenommen schon metaphysischen Macht, die eigentlich keinen Anfang und kein Ende mehr hat, die unfaßbar ist, doch noch zu entkommen?
Hinter dem «Zeugen», der die Große Macht (wie ein Kafka) unerbittlich
registriert, blitzt der «Pädagoge», der engagierte Intellektuelle immer

wieder auf. Der junge Genariello, als Neapolitaner vom neuen Konformismus noch am wenigsten korrumpiert, soll nicht ohne Hoffnung die *Sprache der Realität,* die Sprache der Verhaltensweisen lesen, entziffern lernen. Die Analyse des *Freibeuters* war davon ausgegangen, *daß die Kultur einer Nation (in unserem Falle Italiens) heute vor allem in der Sprache des Verhaltens, oder in der p h y s i s c h e n Sprache ihren Ausdruck findet . . . Auf dieser Ebene der sprachlichen Kommunikation erscheinen: a) die anthropologische Mutation der Italiener; b) ihre vollständige Gleichschaltung nach einem einzigen Modell.*[280] *In einem gesellschaftlichen Moment, in dem die Verbalsprache vollkommen konventionalisiert und sterilisiert (technisiert) ist, ist die Sprache des (physischen und mimischen) Verhaltens von ausschlaggebender Bedeutung.*[281] Diese Analysen wiederholt er dem neapolitanischen Jungen, Kapitel für Kapitel, erklärt ihm die *Sprache der physischen Realität*[282] und wie er dem, was die Dinge ihn lehren, widerstehen kann. *Die Veränderung d a r f n i c h t hingenommen werden: ihre «realistische Hinnahme» ist eine Schuld . . . Man muß die Kraft haben zur totalen Kritik, zur Verweigerung, zur verzweifelten und sinnlosen Anklage.*[283] So lernt Genariello etwa auch, daß nicht das zählt, was die *Studenten,* die Söhne des Bürgertums s a g e n, sondern was ihr Verhalten unbewußt ausdrückt; d i e s e Sprache hätten seine Freunde, die Jugendlichen der Armenviertel, gelernt, dieses Verhalten hätten sie übernommen. *Ich war von der physischen Realität der Vorstädte noch zur Sinnlichkeit erzogen worden, zu einer tiefen, sicheren und unersetzlichen Liebe. Du hingegen wirst von ihr zur Unsicherheit erzogen, zu einem Mangel an Liebe, der aus einer falschen, grausamen und unerbittlichen Sicherheit («kristallisiertes», konventionelles und blind aggressives Bewußtsein der eigenen Rechte) erwächst.*[284] (*Die Wahrnehmung der eigenen Rechte führt zu nichts anderem als dazu, den, der sie erhält, in den Status eines Bürgerlichen zu heben.*[285]) Ähnliches gilt für die Sprache der Innenstädte und für die der ländlichen Gegenden. (*Zu dir hingegen spricht das Land als ein spukhaftes und fast beängstigendes Überbleibsel . . . Es ist im übrigen der exotische Ort grausamer Weekends und nicht weniger grausamer Landhäuschen, die man mit der grausamen Stadtwohnung austauscht. Alles grausam für mich, versteht sich.*[286])

Doch was kann der Genariello damit anfangen? Wahrscheinlich nichts, wie die *Abschwörung der «Trilogie des Lebens»*[287] nahelegt – Pasolinis zweite große Abschwörung nach der in den fünfziger Jahren. Er klagt sich wieder an, *alles falsch gemacht zu haben,* alles, was er an Schönheit, Freiheit in seinen letzten drei Filmen gefeiert hat. Auch Genariello ist dem *Völkermord* nicht entgangen, auch er ist notgedrungen einer der *unglücklichen Jugendlichen* – so lautet der Untertitel der *Lutherischen Briefe* – auch er hat *die unverzeihliche Schuld auf sich genommen, unglücklich zu sein*[288], auch er ist einer der *zimperlichen, rassistischen Bürgersöhnchen voller Komplexe . . . verschlossen, eingebildet und aggressiv*[289]. Heute hat

«Salò oder Die 120 Tage von Sodom»

die Degeneration der Körper und der Geschlechter auch die Vergangenheit eingeholt ... Wenn die Jungen und die Jugendlichen des römischen Subproletariats – und sie sind es, die ich auf das alte und widerstandsfähige Neapel und später auf die Armen der Dritten Welt projiziert habe –, wenn sie jetzt menschlicher Abfall sind, heißt das, daß sie es auch damals potentiell waren. Sie waren also Schwachköpfe, die gezwungen waren, anbetungswürdig zu sein, seichte Kriminelle, die gezwungen waren, sympathische Gauner zu sein, Feige und Unfähige, die gezwungen waren, heilig und unschuldig zu sein usw. Der Zusammenbruch der Gegenwart impliziert auch den Zusammenbruch der Vergangenheit.[290] Auch die «Realität» der unschuldigen Körper ist vergewaltigt worden ... Die privaten Sexualleben (wie das meinige) haben ein Trauma erlitten, sowohl das Trauma der falschen Toleranz als auch das der körperlichen Entartung, und was in den sexuellen Phantasien Leid und Freude war, ist selbstmörderische Enttäuschung, formlose Unlust geworden ... Ich kann die Körper und die Sexualorgane nur noch hassen.[291] – Sein letzter Film *Salò oder Die 120 Tage von Sodom* läßt daran keinen Zweifel.

Der Bruch dieses Films mit den vorausgehenden, ja zu seinem ganzen Kinoschaffen, ist radikaler nicht denkbar. Sexualität, bisher vitalste Lebensäußerung, Leben schlechthin, ist plötzlich zur Metapher des Gegenteils, zur Metapher der Macht verkommen. (*Die Sexualität ist heute die Befriedigung einer gesellschaftlichen Pflicht, nicht eine Lust gegen die gesellschaftliche Pflicht.[292]*) Auch Pasolinis Arbeitsweise, seine Art zu drehen, hat sich völlig verändert. Er läßt sich beim Drehen nicht mehr spontan auf die ihn umgebende Wirklichkeit, die Realität der Schauspieler, der Beziehungen und Ereignisse, der Landschaften und Dinge ein, es herrscht eine *kalkulierte Eile ... es muß ein perfekter Film werden, auch im konventionellen Sinn des Wortes*[293]. Es wird fast nur in geschlossenen Räumen gedreht, das Licht ist kalt und tot, es ist alles Zitat und Dekor, die Schauspieler müssen s p i e l e n und nicht einfach s e i n. Einer der vier «Herren» wird von einem alten Bekannten Pasolinis aus den Borgate verkörpert: ein symptomatischer Bruch seiner Grundregel von der physischen Identität der Klassen – als wollte er sich selbst die Unerbittlichkeit der *Irrealität,* der jeden Wert auslöschenden Macht beweisen. (Die einzige Auflockerung dieser düsteren Arbeit waren wohl die Fußballspiele mit der Truppe von Bernardo Bertolucci, der wenige Kilometer von Salò entfernt, in Mantova, sein «Neunzehnhundert» drehte. Die Mannschaften feuerten sich mit «novecento» [neunzehnhundert] bzw. «centoventi» [hundertzwanzig] an. Pasolini und Bertolucci sind sich hier nach langer Zeit zum erstenmal wieder freundschaftlich begegnet.) Der Ausgangspunkt des Films war das Sade-Projekt seines Freundes Sergio Citti, dem er beim Drehbuch half. *Während wir an diesem Drehbuch arbeiteten, verlor Sergio Citti immer mehr die Lust – während ich mich immer mehr in es verliebte, und ich verliebte mich ganz, als ich diese Erleuchtung hatte, also die Idee, Sade in das Jahr 1944, nach Salò zu verpflanzen.*[294] Pasolini stellte also andere Filmprojekte (z. B. *Ta kai ta,* eine Art *Große Vögel, kleine Vögel* mit Ninetto und Edoardo di Filippo, einem neapolitanischen Komiker) zurück und begann mit de Sade. Dessen «Verpflanzung» nach Salò scheint mir nicht so ganz gelungen – die überhistorische Macht gewinnt durch die nur angedeutete Historisierung weniger als sie vielleicht verliert. Eindringlicher ist dagegen die Dantesche Struktur, die Struktur der «Höllenkreise», mit der Pasolini den fremden Text zu seinem macht. Die Totalisierung der Macht durch die Unterwerfung der Körper ist eine genaue Formel für das, was Pasolini in den letzten Jahren gesagt hat. In die Villa der Faschisten (das neue Universum) werden jugendliche Mädchen und Jungen aus dem ländlichen Umland verschleppt und dort nach genau geregelten Zeremonien systematisch beleidigt und erniedrigt, körperlich und seelisch gequält bis zum unausweichlichen Ende. *Die Botschaft von «Salò» ist die Anklage der Anarchie der Macht und der Inexistenz der Geschichte ... und doch, so ausgedrückt, ist es eine sklerotische Botschaft, verlogen, vorgeschoben, heuchlerisch, d. h. eine logische: von derselben Logik, die die Macht gar nicht anarchisch findet und die glaubt, daß es eine Geschichte gibt. Der Teil der Botschaft, den der Sinn des Films wiedergibt, ist unendlich viel realer, weil er auch alles das einschließt, was der Autor nicht weiß ... Aber dieser Teil der Botschaft ist unaussprechbar.*[295] Die Grundstimmung des Films vermittelt das, was Pasolini auf dem Parteikongreß der Radikalen gesagt hat: *Und wenn die Zweite industrielle*

Einübung einer der Schlußszenen von «Salò»

Revolution – durch die unbegrenzten Möglichkeiten, die sie sich gegeben
hat – von nun an *unveränderbare* «soziale Verhältnisse» produzieren
würde? Das ist die große und vielleicht tragische Frage, die heute gestellt
werden muß. Das ist letztlich der Sinn der totalen Verbürgerlichung, die
überall in Gang ist; endgültig in den großen kapitalistischen Ländern, dramatisch in Italien.[296] Eine Gesellschaft, in der es kein «Anderes» mehr

gibt, mehr geben kann, war für Pasolini nicht nur ein schlechter Traum, sondern wohl mehr oder weniger Gewißheit. Die Unerträglichkeit des Films – Unerträglichkeit im Wortsinn: man kann nicht hinsehen, man hält ihn nicht aus – korrespondiert mit der Unerträglichkeit dieser Vorstellung (die eine Vorstellung des schon eingetretenen Todes ist). – (Apropos Unerträglichkeit: die gutbesuchten regelmäßigen Nachtvorstellungen von *Salò* zeigen, daß er sich hierzulande als Horrorfilm etabliert hat . . .) – Die *unendlich viel realere Botschaft* des Films, die *Ambiguität des Kunstwerks*, ist reich an vieldeutigen Details, von denen aber nicht wenige einen unbesiegbaren Lebenswillen zumindest als mögliche Interpretation zulassen. Da ist nicht nur der (etwas rhetorische) Gruß mit der erhobenen Faust eines Jungen, bevor er wegen eines Regelverstoßes erschossen wird; da ist dieser Regelverstoß selbst: der Mut, den er erfordert und die Sexualität als Liebe, die er zum Ausdruck bringt; da sind die Fotos, die viele Gefangene verstecken: die Erinnerung an eine Liebe, die ihnen überleben hilft; da ist der Selbstmord einer «Zeremonienmeisterin». Da ist zum Schluß der zärtliche Tanz der beiden Jungen, die zugleich Wachen und Gefangene sind: ist es Zynismus oder Unschuld, wenn sie im Angesicht der «Hölle» (vor dem Fenster werden die anderen Jungen grausam zu Tode gefoltert) schüchtern über ihre Mädchen reden? – Sie sind auf jeden Fall eine letzte Erinnerung an die alten Mythen, an die pasolinischen Jungen im Friaul und in den Borgate.

Dieses beunruhigende, letzte (Film-)Bild des Regisseurs Pasolini findet ein deutliches Echo in einem anderen «letzten Bild», im letzten Gedicht des Poeten Pasolini. Dieses Gedicht – *Saluto e augurio* (*Gruß und Glückwunsch*) – legt ein «Testament» in die Hände eines jungen Faschisten: *Du verteidige, bewahre, bete: aber liebe die Armen: liebe ihr Anderssein. Liebe ihre Lebensfreude, allein in ihrer Welt, zwischen Hochhäusern und Wiesen / wohin das Wort unserer Welt nicht gelangt; aber liebe die Grenze, die sie zwischen sich und uns gezogen haben; liebe ihren Dialekt, den sie jeden Morgen neu erfinden / um nicht verstanden zu werden; um mit niemandem ihre Fröhlichkeit teilen zu müssen; liebe die Stadtsonne und das Elend der Diebe; liebe das Fleisch der Mutter im Sohn / . . . nimm du diese Bürde auf dich. Ich kann nicht: niemand würde den Skandal darin verstehen. Ein Alter hat Respekt / vor dem Urteil der Welt: auch wenn es ihm egal ist. Und er hat Respekt vor dem, was er in der Welt ist. Er muß seine, geschwächten, Nerven schonen / und das Spiel mitspielen, das er nie mitgespielt hat. Nimm du diese Last, Junge, der du mich haßt: Trag du sie.*[297]
Dieses letzte Gedicht ist ein – friaulisches Gedicht. Der Dichter kehrte noch einmal und völlig unerwartet zu seiner ursprünglichen poetischen Sprache, zum Friauler Dialekt zurück. Es sind keine neuen poetischen Erfindungen, sondern Nachdichtungen der schönen alten Gedichte aus den vierziger Jahren. Er veröffentlichte sie noch in seinem Todesjahr

als *neue Form* der von ihm selbst besorgten Neuauflage seiner friaulischen Lyrik; sie bildeten den *zweiten Teil* der Anthologie, die jetzt *die neue Jugend* heißt und nicht mehr *die beste Jugend,* ein Zitat aus einem Partisanenlied. Die *neue Form* scheint mit zusammengebissenen Zähnen und Tränen in den Augen geschrieben, sie dokumentiert von Gedicht zu Gedicht, mit fast masochistischer Lust, das nunmehr besiegelte Ende seiner mythischen Welt. Die Inhalte der Umdichtungen sind nicht neu: es sind die des *Freibeuters* – aber es tut weh, sie friaulisch zu hören. Der schmerzlich-süße Klang des Dialekts ist nicht mehr derselbe, seine *Unberührtheit* wird durch eine kalkulierte Virtuosität oft unglaubhaft. Es brechen gegen Ende auch immer öfter italienische Wörter, ganze italienische Passagen ein – weil es für die neue Realität keine alten Wörter gibt. Der verzweifelte Wunsch, die heutige Welt zu verlassen und die verzehrende Sehnsucht nach der alten spricht aus diesen Gedichten, aber auch das Ende jeder Illusion, daß eine Rückkehr, ein Aufhalten noch möglich sein könnte. Und doch, zumindest noch eine Glut dieser Illusion muß lebendig sein, um Pasolini am Leben zu erhalten: er hofft da etwa auf eine neue Armut, in dem Gedicht *Die Rezession (Die Banditen ... werden die Gesichter von damals haben, mit den kurzen Haaren und den Augen ihrer Mutter, und sie werden nur mit einem Messer bewaffnet sein*[298]), oder er hofft eben auf einen Faschisten wie im letzten Gedicht. Wenn die friaulische *Religion der Unschuld* und der *Heiligen Sünde* schon endgültig verloren sein sollen, scheint sich Pasolini das *Anderssein* zumindest noch negativ, als Regression vorstellen zu können. Der Tenor dieser Gedichte ist derselbe wie in *Salò:* ein letztes Konstatieren, daß alles zu Ende ist.

Salò ist in seiner Danteschen Struktur auch beinahe die unerwartete Realisierung eines der ältesten und liebsten Vorhaben Pasolinis, der Nachdichtung der «Göttlichen Komödie». Seinen ersten Versuch von 1963 bereitet er noch kurz vor seinem Tod für die Veröffentlichung vor: *La Divina Mimesis (Die göttliche Mimesis;* deutsch als *Barbarische Erinnerungen* erschienen). Das Buch kam wie der Film wenige Tage nach seinem Tod heraus. Trotz der zwanzig Jahre, die zwischen den beiden Werken liegen, ähneln sie sich bis ins Detail. Der Dante-Pasolini und der Vergil-Pasolini gehen durch einen *dunklen Wald* der *Irrealität,* die jedes Anderssein assimiliert. Die zur *Mimesis* gehörende Fotogeschichte über die fünfziger Jahre nennt er eine *vergilbte Ikonographie* – vergilbt für immer.

Ist der Tod, die Ermordung Pasolinis nicht ein allzu «logischer» Schlußpunkt, der alle diese Endpunkte verbindet, ist der Augenblick des Mordes nicht allzu genau gewählt?

Pasolini hatte den Tod mit dem Film(-Schnitt) verglichen, der das Leben mit einem Schlag aus einem vieldeutigen Magma zu einer sinnvollen Geschichte macht – wie der geschnittene Film aus der unendlichen audio-

Neu erwachte Leidenschaft: das Malen

visuellen Zeichenflut.[299] Der Tod gebe so dem Leben überhaupt erst einen erkennbaren Sinn. In seinem Fall hat es aber den Anschein, als hätte es des «Schnitts» gar nicht mehr bedurft, als wären seine letzten Jahre ein schon eindeutiger, damit sinn-voller Weg zum Tode gewesen; als wäre ein anderer Sinn seiner Handlungen und seines Erlebens gar nicht denkbar gewesen.

Gerade weil das Ende so «natürlich» kam, so logisch war, ist man neugierig darauf, wie es bei abgewendetem Schicksal weitergegangen wäre. Pasolini hatte ja schon gezeigt, daß er einen existentiellen und künstlerischen Endpunkt in einen neuen, überraschenden Anfang ummünzen kann. Aus der tiefen Krise Anfang der sechziger Jahre, von der auch die *Divina Mimesis* zeugt, half ihm die *physische Sprache* des Films; und vorher war es die «Entdeckung Roms», mit der er die absolute Leere überwand, in die ihn der Friauler Skandal gestürzt hatte.

Die *Irrealität,* von der er sich eingekreist sah, ist zwar durch nichts zu mildern, er sah sich von ihr geschlagen, sogar besiegt, aber sein Widerstandswille war nicht gebrochen. Er hatte sein Leben lang alle Widersprüche auf sich genommen, alle gesellschaftlichen Widersprüche als seine innersten ausgetragen (*ein natürliches Bedürfnis, mir in der immer offenen Wunde weh zu tun*[300]), aber er hat sein Leben gegen alle Widerstände gestellt, seine Identität bis zum Äußersten behauptet. Der Freibeuter hat ja, wofür er sein Leben lang eingetreten war, was er sein Leben lang in seiner Kunst zum Ausdruck gebracht hatte, noch einmal allen gesagt, ohne Rücksicht auf Verluste, ohne Angst vor Verkürzungen und Verfälschungen. Die friaulischen Um-Dichtungen zermarterten die verletzlichen Gefühle der Jugend, *Salò* war sein x-ter «Skandal», ein auch seine intimsten Mythen nicht schonender Angriff auf die Gesellschaft – und diese Arbeiten beweisen, wie lebendig seine Gefühle noch waren.

Und in seinen letzten Jahren fehlen auch nicht die «positiven», die zuversichtlichen Arbeiten. Da sind die Filme der *Trilogie des Lebens,* dessen letzter, die *Erotischen Geschichten aus 1001 Nacht* aus dem Jahre 1973 zu den schönsten Filmen gehört, die er gedreht hat. Er ist frei von gedanklicher und philosophischer Überlastung, er ist eine unbändige Feier des Lebens, der Körper, der Sexualität. Sicher sind es vergangene Körper, vergangene Welten, die aber metaphorisch aufleuchten in einer Dritten Welt, die aus reinen Traum-Städten und Kleinoden zu bestehen scheint. Und da war der große «Leser» Pasolini, der große Literaturkenner und Literaturkritiker (*Filologia, refugium pecatorum,* ruft er in einem Brief aus). Seine Neugier auf neue Autoren, mögliche neue Tendenzen, auf interessante Ausgrabungen nahm in den letzten Jahren sogar noch zu. Das italienische Literaturleben verdankte diesem «Philologen» fundierte Analysen, anregende Entdeckungen, überraschende Gesichtspunkte. Viele dieser immer noch lesenswerten Literaturbesprechungen sind in dem Band *Descrizioni di descrizioni* (*Beschreibungen von Beschreibungen*) gesammelt.

Wie wäre es also weitergegangen? Die Literatur, die Rückkehr zum Schreiben, wäre eine Möglichkeit gewesen. Er hatte gerade einen großen Roman in Arbeit, fünfhundert Seiten waren schon geschrieben. Er sollte *Vas* oder *Erdöl* heißen und eine sehr subjektive Geschichte der letzten Jahre sein. Wenige Tage vor seinem Tod spricht er in Briefen von ganz konkreten neuen Filmprojekten. Aber er hat in seinem Leben schon auf geliebtere Projekte verzichtet und verzichten müssen: auf den Film *Il padre selvaggio* (*Der wilde Vater*) oder auf sein großes Paulus-Projekt

Beim Zeichnen, 1975

(*ich wollte um jeden Preis den Film über Sankt Paulus machen*[301].) Beide
Filme, die als fertige Drehbücher existieren, zeichnen sich durch eine extreme Identifikation mit den Figuren, durch einen aufschlußreichen Au-
tobiographismus aus. Er hatte gegenüber Freunden geäußert, daß er von
der Filmarbeit wegkommen wolle, daß er sich einer ruhigeren, privateren
Form der Kunst zuwenden wolle. Seinem alten Freund (und Cousin) aus
der Friauler Zeit, Nico Naldini, hatte er von dem Wunsch gesprochen,
nach Friaul zurückkehren und dort wieder leben zu wollen. Er war ja seit
seiner «Verjagung aus dem Paradies» nur höchst selten zurückgekehrt. Er
hatte sich nie mehr dort aufgehalten. Im Geleitwort für eine Festschrift,
das die Casarser Cooperativen, seine alten politischen Freunde, von ihm
erbeten hatten, schrieb er, daß er nur über das Casarsa seiner Erinnerung
reden könne, nicht aber über das in wirtschaftlichem Aufschwung befind-

131

Mit der Mutter

liche Städtchen. Er sprach auch von der Liebe zur Malerei, die in ihm wieder erwacht sei, zur Malerei und zum Zeichnen, das er nach der Friauler Zeit eigentlich nur nebenbei, als «Dilettant» ausgeübt hatte, da sein Drang zur Visualisierung jetzt im Film Ausdruck gefunden hatte. (*Ich rieche schon meine fünf oder sechs Lieblingsfarben, ihren scharfen Duft zwischen den Lösungsmitteln und dem Leim der frisch gespannten Leinwände ...* [302]) Der Wunsch, sich zurückzuziehen, aus der Hektik Roms auszusteigen, war schon länger da – und der Turm von Chia verkörpert ihn. Diesen «Turm», diese mittelalterliche Burgruine, hatte er schon bei den Drehort-Recherchen für das *Evangelium* entdeckt, ihre Abgeschiedenheit in einer bizarren Umgebung aus Felsen und Schluchten, ihre demonstrative Unzugänglichkeit hatten ihn fasziniert. Er hatte sie 1970 erworben und sie, mit großen Fenstern und Steinmauern, ausbauen lassen. Neben dem Turm hatte er eine hölzerne Halle gebaut: sein Maleratelier. Chia wurde ein kleines Refugium, und er zog sich allein oder mit nahen Freunden dorthin zurück. Einmal hat er einen befreundeten Fotografen mitgenommen, der darüber dann einen Fotoband herausbrachte: der einsame Dichter, in seine Manuskripte versunken, der Einsiedler, nackt und einsam, durch die abendlichen Fenster beobachtet. (Pasolinis Körper wirkte für einen Fünfzigjährigen erstaunlich jung und sportlich.)

Einer, den Pasolini gern in den Turm mitnahm, war immer noch Nino Davoli, Ninetto. Daß sein *jugendlicher Bote* einer mythischen anderen Welt nun verheiratet war, hatte Pasolini inzwischen verschmerzt, er hatte sich damit als einer unabänderlichen Tatsache abgefunden. Er blieb sein bester Freund. *Das wichtigste in meinem Leben war meine Mutter, das einzige was dazu kam, war Ninetto*[303], hatte er in einem autobiographischen Gedicht geschrieben. Ninetto blieb die einzige große Liebe des reifen Pasolini. Trotz des großen kulturellen und Alters-Unterschieds war es ein gleichberechtigtes Verhältnis. Ninetto behielt das instinktive Unabhängigkeitsbedürfnis seiner bäuerlichen und vorstädtischen Herkunft bei. Der Abhängige war aber Pasolini. Als der Wunsch Ninettos zu heiraten konkret wurde, war Pasolini so verzweifelt, daß er nicht mehr weiterleben wollte. In Briefen und Gedichten gibt er diesem Schmerz unverhohlen Ausdruck. Schon in früheren Gedichten, spontanen Alltags- und Liebesgedichten, wirft diese Trennungsangst ihre Schatten voraus: *Aber alles ist in Frage gestellt durch den Schrecken, / daß sich etwas verändert.*[304] *Nach unserem Leben bin ich unersättlich / weil nur eines auf der Welt unausschöpflich ist.*[305] – Einen Geliebten, eine wirkliche Liebesbeziehung hatte er nach Ninetto nicht mehr.

In seinem «Turm» in Chia

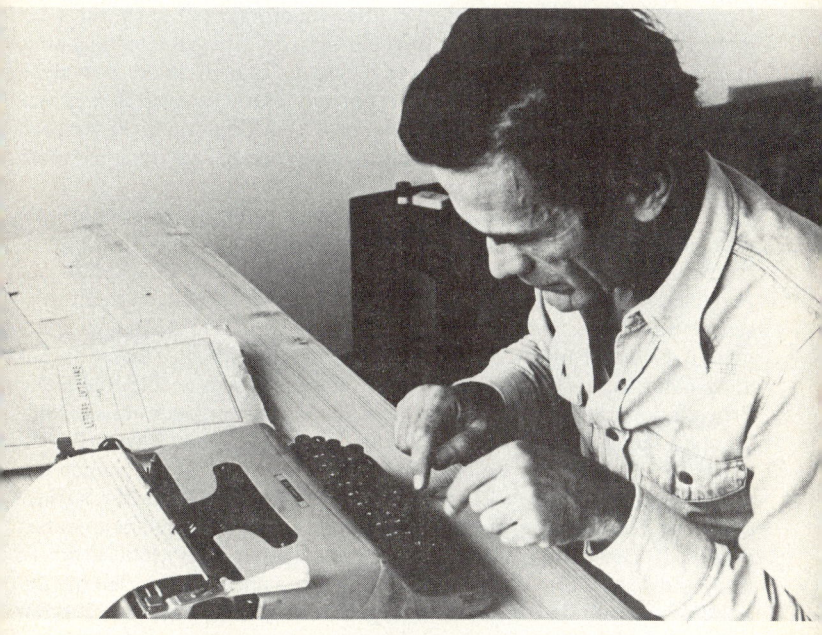

Sein Privatleben, zumindest sein äußeres, das der Biograph erzählen könnte, verlief ungeheuer gleichmäßig, ohne Neuigkeiten, ohne Ereignisse. (*Mein bürgerliches Leben erschöpft sich in Arbeit.*) Da war seine immer gleichbleibende Liebe, die zärtliche Beziehung zur Mutter, mit der er sein Leben lang zusammenwohnte, da war Laura Betti mit ihrem «Salon», denen er immer noch treu war, und da waren die «nächtlichen Ausflüge» auf der Suche nach seinen Jungen. Die Heirat Ninettos, zurückgelassen ohne diese «keusche Liebe», konnte für ihn keine Zweifel mehr lassen: diese nächtlichen unruhigen Jagden, sie waren sein «Liebesleben». Für Enzo Siciliano kam darin eine «alptraumgleiche Zwanghaftigkeit» zum Ausdruck, «die seinem Leben eine rohe Gleichförmigkeit verlieh»[306]. Aber wie lange konnte das noch gehen, ohne sich völlig in ihrer Bedeutung zu wandeln, ohne nicht einmal mehr eine Erinnerung an das zu sein, was sie einmal waren: eine leidenschaftliche Entdeckung des «Volkes», der ursprünglichen und wilden Genüsse des Lebens, ein für ihn lebensnotwendiges Eintauchen in eine physische, «animalische» Welt: *Jeder hat seine neue, seine alte Schönheit ... Es ist die Welt, die ich in ihm liebe.*[307] Konnte er sich noch eins fühlen mit seinem Subproletariat, sich zumindest akzeptiert fühlen von diesen Jugendlichen, deren *anthropologische* Veränderung er oft genug beklagt hatte. Und er selbst war nun über fünfzig, sein Alter machte sich bemerkbar. Er machte Verjüngungskuren, er wollte den Jugendlichen gefallen, er hatte Angst davor, der übliche alte Herr zu sein, der sich die Jungen kauft. Sein erotisches Leben war nicht mehr von jener Vitalität getragen wie früher. Seinem Arbeitsdrang aber ging die Vitalität nicht abhandeln, er suchte um so mehr in der Arbeit, je weniger das «Leben» ihm gab. Ob er nun auf internationalen Reisen war mit seinen Filmen, ob er auf «Urlaub» in seinem Haus am Meer war, das er zusammen mit Moravia gebaut hatte, immer hatte er zu tun, beendete alte Arbeiten, begann neue, machte Projekte.

Darüber hinaus mußte der Artikelschreiber Pasolini, der Meinungsmacher und «Ruhestörer», auf allen Hochzeiten tanzen: Festivals, Parteitage, literarische Ereignisse und Premieren, politische Veranstaltungen, Fernsehdiskussionen, überall sollte er und wollte er dabei sein. Zu wissen, daß Pasolini kommen würde, machte solche Veranstaltungen spannend. Ob es der Boykott des (literarischen) Premio Strega war, die Sprengung einer Veranstaltung auf dem Filmfestival von Venedig, ob es die Provokation der Veranstalter oder des Publikums war, oder nur eine aufsehenerregende Rede – immer war er mit ganzer Seele und ganzer Person dabei. Er scheute auch politisch kein Risiko: er lieh seinen Namen der außerparlamentarischen «Lotta continua» als verantwortlicher Redakteur ihrer Tageszeitung, er machte mit dieser Gruppe einen Dokumentarfilm (*Il 12 Dicembre*); andererseits unterstützte er aktiv viele Aktionen der «Radikalen Partei», ihre Volksbefragungen und ihre libertäre Institutionen-Kritik; und er bemühte sich gleichzeitig immer um eine Zusammenarbeit mit der KPI, zu der er sich immer, durch alle Widersprüche hindurch, hingezogen gefühlt hatte.

Auch der Herbst 1975 war voller Termine. Von einer dieser Arbeitsreisen kam er am 31. Oktober aus Stockholm und Paris zurück. Am 1. November traf er sich mit Ninetto Davoli im «Pommidoro» zum Abendessen. Er verabschiedete sich von seinem Freund dann wie immer, über Pasolinis Nächte brauchten sie keine Worte zu verlieren. Er stieg in seinem metallisierten Alfa-Romeo-Sportwagen und verschwand. Das nächste, was man über diese Nacht wirklich weiß, ist, daß die Polizei in den frühen Morgenstunden bei Pasolini zu Hause anrief, um sich nach dem Besitzer dieses inzwischen gestohlenen Autos zu erkundigen. Zu Hause wußte man nichts, weder vom Diebstahl noch vom Verbleib Pasolinis; auch ein Anruf bei Nino Davoli gab keine näheren Aufschlüsse. Am selben Morgen des Allerseelentages klingelte es bei ihm nochmals: er solle eine Leiche identifizieren, die nicht allzu weit vom gestohlenen Wagen, draußen in der Gegend der Strände von Ostia, gefunden worden war. Nino Davoli erkannte den blutüberströmten, übel zugerichteten Körper Pasolinis. Was dazwischen, zwischen dem Abendessen mit Ninetto und dem Auffinden der Leiche geschehen ist, wurde nie ganz aufgeklärt. Die Gerichtsverhandlungen hatten ergeben, daß der minderjährige Pino Pelosi, den man im gestohlenen Alfa Romeo gestellt hatte, auch der Mörder Pasolinis ist. Er hat ihn auf dem entlegenen kleinen Fußballplatz bei Ostia mit Zaunlatten und Fußtritten am Kopf und am ganzen Körper blutig geschlagen und den mit schweren Verletzungen am Boden Liegenden schließlich mit dem Auto überfahren, so daß das geplatzte Herz als unmittelbare Todesursache angenommen werden mußte. Der junge Pelosi – er war damals siebzehn Jahre alt und bestritt seinen Lebensunterhalt als Autodieb und als Strichjunge – hat den Mord noch am selben Tag gestanden. Pasolini habe ihn unter den Kolonnaden der Piazza dei Cinquecento am Bahnhof «kontaktiert»; sie seien dann etwas durch die Stadt gefahren, der «Herr» habe ihm auch noch ein Essen im Lokal «Biondo Tevere» bezahlt, sie seien dann in Richtung Ostia gefahren, bis zu einem zwischen Schutt und Abfällen gelegenen Platz, der als Fußballplatz diente. Im Auto sei es zu oralen sexuellen Kontakten gekommen, dann sei Pasolini aber plötzlich ausgestiegen und habe von ihm etwas gewollt, er habe nicht genau verstanden, was. Er habe sich bedroht gefühlt, entriß Pasolini die Zaunlatte, die dieser in der Hand hatte und schlug sie ihm über den Kopf. Pasolini zog sich das Hemd aus, um das Blut zu stillen; der Kampf ging aber weiter. Und als Pasolini regungslos am Boden lag, sei er, Pelosi, ins Auto gestürzt und abgehauen. Ob er Pasolini dabei überfahren hat, habe er in der Aufregung nicht gemerkt. – Die einzige Verletzung, die Pelosi nach dieser «Schlägerei» hatte, zog er sich bei der Verfolgungsjagd mit der Straßenpolizei zu, in die der bei überhöhter Geschwindigkeit Ertappte geraten war.

Einiges von dieser Darstellung ist durch Zeugen belegt, zum Beispiel die Szene im Bahnhof, das Essen im «Biondo Tevere», wo Pasolini bekannt war; anderes wird stark bezweifelt – vor allem, daß der trainierte und Karate-geschulte Pasolini von einem eher schmächtigen Siebzehnjährigen derart zusammengeschlagen werden konnte ...

Es gab sehr viele Spekulationen und «Hypothesen» über Pasolinis Ermordung – und sie erzeugte riesiges Aufsehen. Die Todesumstände waren für die Öffentlichkeit ebenso spektakulär, wie sie für seine Freunde erschütternd waren.

Die Szenerie seines Todes war «pasolinianisch» (das kann man in diesem Fall ohne Verhöhnung sagen): sie war eine der vielen so eigen-artigen Szenen aus *Ragazzi di vita* und *Accattone*. Pelosi war einer der Jungen, die von *Accattone* bis zur letzten Einstellung von *Salò* seine Filme bevölkern. Er entsprach genauestens seinem «barbarischen» Schönheitsideal. Die unwirkliche Landschaft der Baracken und Schuttfelder bei Ostia erkannten alle seine Freunde wieder: aus seinen Romanen, aus seinen Gedichten, aus seinen Filmen. Das soziale Milieu, aus dem Pelosi stammt, die «wilde» Sexualität, die Umstände des letzten Kampfes entsprachen den mythischen Topoi seiner Werke.

Hat Pasolini diesen Tod gesucht? Nichts wies am Vorabend des 2. November, der ein Abend wie tausend andere war, darauf hin. Pasolini hat den Tod aber auch nie gefürchtet. Er war mutig auch in diesem Sinne: ob in New York oder in Bombay oder in irgendeiner afrikanischen Stadt: er zog nächtelang durch die verrufensten Viertel – und hielt seine Freunde in Atem. Er muß auch an diesem Abend, instinktiv, die Gefahr erkannt haben – aber er könnte sie unterschätzt haben, in eine Falle geraten sein. Wenn er das Gesicht Pelosis erkannt hat – *ich habe mich nie in den Gesichtern getäuscht / weil meine Leidenschaft und meine Scheu / mich gezwungen haben, meine Artgenossen genau zu erkennen*[308] –, so hat ihn die Angst, das Risiko, vielleicht auch gereizt, sie gehörten zu seiner Erotik.

Pasolini starb also in einem Augenblick, in dem eine extreme geistige und persönliche Krise, in dem lauter letzte Filme und letzte Gedichte keine Zukunft mehr erkennen ließen; er starb unter Umständen und in einer Szenerie, wie er sie oft in seinen Werken dargestellt hatte; und er war im Untergang seines Todes allein wie seine tragischen Helden Accattone, Ödipus, Medea – obwohl er, wie sie, ein Leben lang gegen diese Einsamkeit und für die Welt gekämpft hatte; und er starb auch so, wie er sich seinen eigenen Tod immer wieder vorgestellt, vorphantasiert hatte. (*Er ist gestorben, mit Stöcken erschlagen; Ich werde langsam beginnen zu zerfallen, im gleißenden Licht jenes Meeres.*)[309]

An den Rand einer Zeichnung, ein seriell wiederholtes, undeutliches Motiv, schrieb er einmal: *Die Welt will mich nicht mehr, und sie weiß es nicht.*[310] War diese Situation nun eingetreten, gönnte ihm die Welt, die er *wild und verzweifelt* liebte, nicht einmal mehr die Gnade der Ablehnung? Hatte er den Kampf verloren; war sein Tod, d i e s e r Tod, ein letzter, unfreiwilliger Triumph, eine letzte Selbstbehauptung?

Anmerkungen

1 Dedica, in: La nuova gioventù. Turin 1975, S. 7

2 Poesie a Casarsa. Bologna 1942

3 Il nini nuàrt, in: La nuova gioventù, a. a. O., S. 8

4 David, in: La nuova gioventù, a. a. O., S. 16

5 F. Contini, Al limite della poesia dialettale, in: Corriere del Ticino, 24.4.1943

6 D. Maraini, E tu chi eri? Mailand 1973, S. 260

7 a. a. O., S. 265

8 Accrocca, Ritratti su misura. Rom 1960, S. 320

9 Poeta delle Ceneri, in: Nuovi Argomenti. Rom, Juli 1980, S. 3

10 Serra, Lettere agli amici (1941–45). Mailand 1967, S. 18

11 Al lettore nuovo, in: Poesie. Rom 1970, S. 6

12 Duflot, Il sogno del centauro. Rom 1983, S. 20

13 Poesia in forma di rosa. Mailand 1964, S. 25

14 Poeta delle Ceneri, a. a. O., S. 4

15 Maraini, a. a. O., S. 261

16 Maraini, a. a. O., S. 260

17 Accrocca, a. a. O., S. 320

18 Maraini, a. a. O., S. 269

19 Serra, a. a. O., S. 11

20 Serra, a. a. O., S. 34

21 s. Ricci (Hg.), Pasolini e «Il Setaccio». Bologna 1977

22 Ebd., S. 54 (über Ungaretti)

23 Serra, a. a. O., S. 20, 4, 18

24 s. a. Passione e ideologia. Mailand 1960, S. 109

25 Botteghe oscure, VIII, 1951, S. 430

26 Serra, a. a. O., S. 26

27 Ebd., S. 4

28 In: Naldini, Et m'é rimasa nel pensier la luce, in ders. (Hg.): Poesie e pogine ritrovate. Rom 1980, S. 9

29 Ebd., S. 18

30 Ebd., S. 23

31 Ebd., S. 27f

32 Ebd., S. 28

33 Serra, a. a. O., S. 36

34 Stroligut a cà de l'aga, Casarsa 1944; Stroligut, Casarsa 1945f

35 Quaderno Romanzo, Casarsa 1947

36 In: Naldini, a. a. O., S. 47

37 Ebd., S. 39

38 Atti impuri, in: Amado mio. Mailand 1982

39 In: Naldini, a. a. O., S. 51

40 Ebd., S. 39

41 Amado mio, a. a. O., S. 71

42 In: Naldini, a. a. O., S. 53

43 Serra, a. a. O., S. 43f

44 s. Naldini, a. a. O., S. 59

45 E. Siciliano, Pasolini, Leben und Werk. Weinheim 1980, S. 141

46 In: Naldini, a. a. O., S. 55

47 Ebd., S. 54

48 Betti, Cronaca giudiziaria, persecuzione, morte. Mailand 1977, S. 40f

49 O me donzel, in: La nuova gioventù, S. 11

50 La meglio gioventù. Florenz 1954

51 La poesia dialettale del Novecento, in: Passione e ideologia,

a. a. O.
52 Ebd., S. 108
53 Dal laboratorio, in: Empirismo eretico. Mailand 1972, S. 62
54 La poesia dialettale ..., a. a. O., S. 133
55 Ebd.
56 O. Stack, Pasolini on Pasolini. London 1969, S. 15f, s. a. Duflot, a. a. O., S. 24
57 I turcs tal Friúl. Udine 1976
58 L'usignolo della Chiesa Cattolica. Mailand 1958
59 L'illecito, in: L'usignolo, a. a. O., S. 72
60 Lingua, in: L'usignolo, a. a. O., S. 93
61 Memorie, in: L'usignolo, a. a. O., S. 105
62 Le ceneri di Gramsci. Turin 1981, S. 68
63 Il sogno di una cosa. Mailand 1982
64 Amado mio, a. a. O.
65 Bertolucci, in: Amado mio, a. a. O., S. 10
66 Amado mio, a. a. O., S. 197
67 Amado mio, a. a. O., S. 196
68 Panorama, Rom, 1.10.1984, S. 165
69 Ebd.
70 Ebd.
71 L. Betti (Hg.), Cronaca ..., a. a. O., S. 15
72 Alì dagli occhi azurri. Mailand 1965, S. 8
73 Ebd.
74 Roma 1950, Diario. Mailand 1960
75 Ebd., S. 19
76 Accrocca, a. a. O., S. 321
77 s. Betti (Hg.), Cronaca ..., a. a. O., S. 55
78 La domenica del corriere, 2.5.1981, S. 30
79 Accrocca, a. a. O., S. 321
80 Brief, unveröff.
81 Il pianto della scavatrice, in: Le ceneri di Gramsci, a. a. O., S. 86
82 Betti (Hg.), Cronaca ..., a. a. O., S. 58f

83 Ebd.
84 Ebd., S. 52
85 Il giorno, 6.11.1960
86 Accrocca, a. a. O., S. 321
87 Betti (Hg.), Cronaca ..., a. a. O., S. 53f
88 s. Siciliano, Pasolini ..., a. a. O., S. 222
89 A un figlio non nato, in: La religione del mio tempo. Mailand 1976, S. 111
90 s. Cronaca ..., a. a. O., S. 63
91 Le belle bandiere. Rom 1977, S. 208
92 Il caos. Rom 1979, S. 116
93 Ebd., S. 118
94 Ragazzi di vita. Mailand 1955, S. 35
95 Alì ..., a. a. O., S. 99, 92
96 In: Camon, Il mestiere di scrittore. Mailand 1973, S. 107
97 Duflot, a. a. O., S. 87
98 Ebd.
99 Una vita violenta. Rom 1959
100 La poesia dialettale del Novencento. Parma 1952
101 La poesia popolare italiana. Mailand 1960
102 A un Papa, in: La religione del mio tempo, a. a. O., S. 117
103 Il Giorno, 16.10.1960
104 Poesia in forma di rosa, a. a. O., S. 24
105 Il Giorno, 6.11.1960
106 Brief, unveröff.
107 Poesia in forma di rosa, a. a. O., S. 24
108 Accrocca, a. a. O., S. 321
109 Poesia in forma di rosa, a. a. O., S. 33f
110 Passione e ideologia, a. a. O., S. 469f
111 Giro a vuoto. Mailand 1960; siehe auch: Potentissima Signora. Mailand 1965
112 Le ceneri di Gramsci, a. a. O.
113 A. Gramsci, Quaderni dal carcere I–VI, Rom 1971
114 Le ceneri di Gramsci. Turin 1981,

S. 63
115 Ebd.
116 Ebd.
117 Ebd., S. 66
118 Ebd., S. 64
119 Ebd., S. 64 f
120 Ebd., S. 67
121 Ebd., S. 68 f
122 Ebd., S. 68
123 Ebd., S. 73
124 Ebd., S. 74
125 Brief, unveröff.
126 Passione e ideologia. Mailand 1977
127 Ebd., S. 489
128 In: Ferretti, «Officina». Turin 1975, S. 472 f
129 Betti (Hg.), Cronaca ..., a. a. O., S. 45
130 Polemica in versi, in: Le ceneri ..., a. a. O., S. 105 f
131 Passione e ideologia, a. a. O., S. 487
132 Ebd.
133 A me, in: La religione ..., a. a. O., S. 109
134 La religione ..., a. a. O., S. 95 f
135 Camon, Il mestiere ..., a. a. O., S. 99
136 Poesia in forma di rosa, a. a. O., S. 82
137 Ebd., S. 11
138 Ebd., S. 49
139 Ebd., S. 117
140 O. Stack, a. a. O., S. 29 f
141 D. Martini, L'Accattone di Pasolini, in: Cinema nuovo 150, März/ April 1961
142 Accrocca, a. a. O., S. 321
143 L'odore dell'India. Mailand 1979
144 Il Giorno, 16. 10. 1960
145 Ebd.
146 A. Bini, I primi passi del regista Pasolini, in: Bertini, Teoria e tecnica del film in Pasolini. Rom 1979, S. 128
147 Una visione del mondo epico-religiosa, in: Bianco e Nero Nr. 6, Rom 1964, S. 14

148 Duflot, a. a. O., S. 33
149 In: de Giusti (Hg.), Il cinema in forma di poesia. Pordenone 1980, S. 17
150 In: Magrelli (Hg.), Con Pier Paolo Pasolini. Rom 1977, S. 23
151 Una visione ... a. a. O., S. 15
152 D. Martini, zit. in: A. Ferrero, Il cinema di Pier Paolo Pasolini. Florenz 1977, S. 20
153 L'irrazionalismo cattolico di Fellini, in: Con P. P. P., a. a. O., S. 129 f
154 Confessioni tecniche, in: Uccellacci e uccellini. Mailand 1966
155 In: Bertini, Teoria ..., a. a. O., S. 67
156 Il grido (Der Schrei), R.: Antonioni, Italien 1958
157 Rocco e i suoi fratelli, R.: Visconti, Italien 1960
158 Il Giorno, 6. 11. 1960
159 Con P. P. Pasolini, a. a. O., S. 33 f
160 Duflot, a. a. O., S. 109
161 La musica del film, in: Bertini, Teoria ..., a. a. O., S. 115
162 Una visione, a. a. O., S. 13 f
163 s. Con P. P. Pasolini, a. a. O., S. 43 ff
164 Mamma Roma. Mailand 1962, S. 145
165 Stack, a. a. O., S. 49
166 s. Bertini, Teoria ..., a. a. O., S. 55
167 Alì dagli occhi azzurri, a. a. O., S. 487
168 Battute sul cinema, in: Empirismo eretico, a. a. O., S. 229
169 Le Poesie. Mailand 1975, S. 350
170 Empirismo eretico, a. a. O., S. 26
171 Le belle bandiere. Rom 1977, S. 239
172 de Giusti (Hg.), I film di P. P. Pasolini. Rom 1983, S. 70
173 Il Vangelo secondo Matteo. Mailand 1964, S. 14 f
174 Stack, a. a. O., S. 83
175 Confessioni tecniche, in: Uccellacci ..., a. a. O., S. 46
176 Ebd., S. 52

177 Ebd., S. 48 f
178 Con P. P. Pasolini, a. a. O., S. 65
179 Ebd., S. 64
180 Duflot, a. a. O., S. 34
181 Il Vangelo, a. a. O., S. 84
182 Duflot, a. a. O., S. 32 f
183 De Giusti, I film . . . , a. a. O., S. 70
184 In: Bertini, a. a. O., S. 147
185 Avvertenza, in: Alì . . . , a. a. O., S. 515
186 Uccellacci . . . , a. a. O., S. 54
187 Ebd., S. 185
188 Poesie. Mailand 1975, S. 304 f
189 Il cinema di poesia, in: Empirismo eretico. Mailand 1972
190 La lingua scritta della realtà, in: Empirismo . . . , a. a. O.
191 Duflot, a. a. O., S. 47
192 Nuove questione linguistiche, in: Empirismo . . . , a. a. O.
193 Razionalità e metafora, in: Con P. P. Pasolini, a. a. O., S. 78 f
194 Il cinema di poesia, a. a. O., S. 177
195 Ebd., S. 183
196 La lingua scritta della realtà, a. a. O., S. 206
197 s. Ferrero, Il cinema . . . , a. a. O., S. 86
198 Essere é naturale? in: Empirismo . . . , a. a. O., S. 242 f
199 Ebd., S. 231
200 Ebd., S. 240
201 La poesia dialettale . . . , a. a. O., S. 109
202 Essere é naturale?, a. a. O., S. 241
203 Manifesto per un teatro di Parola, in: Duflot, a. a. O., S. 131
204 Ebd., S. 133
205 Duflot, a. a. O., S. 21
206 In: Bertini, Teoria . . . , a. a. O., S. 97
207 Nuovi Argomenti Nr. 8, Oktober-Dezember 1983, S. 124, 125
208 Ebd., S. 125
209 Cocodrillo, in: Duflot, a. a. O., S. 175
210 de Giusti, I film . . . , a. a. O., S. 94
211 Ebd., S. 76
212 In: de Giusti, Il cinema in forma di poesia, a. a. O., S. 69
213 de Giusti, I film . . . , a. a. O., S. 95
214 Duflot, a. a. O., S. 84
215 Ebd., S. 85
216 Ebd.
217 Teorema. Mailand 1976, S. 197
218 Ebd., S. 107
219 Ebd., S. 106
220 de Giusti, I film . . . , a. a. O., S. 113
221 Duflot, a. a. O., S. 58
222 Ferrero, Il cinema di P. P. Pasolini. Venedig 1977, S. 109
223 Duflot, a. a. O., S. 57 f
224 Il cinema in forma di poesia, a. a. O., S. 68
225 Duflot, a. a. O., S. 103
226 Ebd.
227 Appunti per un film sull'India (fürs ital. Fernsehen), 1968
228 Moravia in: L'Espresso, Rom, 14. 2. 1971
229 De Giusti, Teoria . . . , a. a. O., S. 111
230 Timor di me?, in: Trasumanar e organizzar. Mailand 1976, S. 167
231 La baia di Kingstown, in: Trasumanar . . . , a. a. O., S. 174 f
232 Appunti per un'arringa senza senso, in: Trasumanar . . . , a. a. O., S. 132 f
233 Rifacimento dell'arringa, in: Trasumanar . . . , a. a. O., S. 136
234 La baia di Kingstown, a. a. O., S. 173
235 s. Trasumanar . . . , a. a. O., S. XIV f
236 Il gracco, in: Trasumanar . . . , a. a. O., S. 51
237 Comunicato all'ANSA, in: Trasumanar . . . , a. a. O., S. 66
238 La nascita di un nuovo tipo di buffone, in: Trasumanar . . . , a. a. O., S. 50
239 Ebd., S. 49
240 Pasolini rezensisce Pasolini, Il Giorno, 3. 6. 1971
241 Comunicato all'ANSA (propositi), in: Trasumanar . . . , a. a. O., S. 65

242 Gesammelt in: Le belle bandiere. Rom 1977
243 Ebd., S. 156
244 Ebd.
245 Ebd., S. 214
246 Ebd., S. 198
247 Ebd., S. 146
248 Ebd., S. 147
249 Con P. P. Pasolini, a. a. O., S. 101
250 Al lettore nuovo, a. a. O., S. 10
251 Trasumanar e organizzar, in: Trasumanar ..., a. a. O., S. 71
252 Il caos, a. a. O., S. 117
253 Ancora sulla restaurazione di sinistra, in: Trasumanar ..., a. a. O., S. 127
254 Il caos, a. a. O., S. 118
255 Trasumanar ..., a. a. O., S. 73
256 Ebd., S. 72 f
257 Le belle bandiere, a. a. O., S. 250 f
258 Ebd., S. 367
259 Il caos, a. a. O., S. 202
260 Ebd., S. 118
261 Ebd., S. 146
262 Ebd., S. 145
263 Ebd., S. 153
264 Ebd., S. 46
265 Ebd., S. 47
266 La poesia della tradizione, in: Trasumanar ..., a. a. O., S. 121
267 Il PCI ai giovani!, in: Empirismo ..., a. a. O., S. 151
268 s. Camon, Il mestiere ..., a. a. O., S. 119 f
269 Alì ..., a. a. O., S. 491
270 In: Camon, Il mestiere ..., a. a. O., S. 122
271 Poeta delle Ceneri, a. a. O., S. 26
272 In: Camon, Il mestiere ..., a. a. O., S. 101
273 Il caos, a. a. O., S. 40
274 Ebd., S. 199
275 Decameron, Pasolinis tolldreiste Geschichten, Erotische Geschichten aus 1001 Nacht
276 Al lettore nuovo, a. a. O., S. 5
277 Scritti corsari. Mailand 1977, S. 130 f
278 Ebd., S. 128

279 Il Genariello, in: Lettere luterane. Turin 1976
280 Scritti corsari, a. a. O., S. 56
281 Ebd., S. 55
282 Lettere luterane, a. a. O., S. 46
283 Ebd., S. 27 f
284 Ebd., S. 46
285 Ebd., S. 189
286 Ebd., S. 47
287 Ebd., S. 71 f
288 Ebd., S. 62
289 Ebd., S. 74
290 Ebd., S. 79
291 Ebd., S. 77 f
292 Corriere della Sera, 25. 3. 1975
293 Filmcritica Nr. 256, August 1975
294 Il cinema in forma di poesia, a. a. O., S. 171
295 Ebd., S. 111
296 Intervento al convegno del Partito Radicale, in: Lettere luterane, a. a. O., S. 191
297 Saluto e augurio, in: La nuova gioventù, a. a. O., S. 265 f
298 La recessione, in: La nuova gioventù, a. a. O., S. 243
299 s. Osservazioni sul piano-sequenza, in: Empirismo eretico, a. a. O., S. 239 f
300 Poesia in forma di rosa, a. a. O., S. 37
301 Il caos, a. a. O., S. 117
302 Poesia in forma di rosa, a. a. O., S. 29
303 Poeta delle Ceneri, a. a. O., S. 4
304 Un affetto e la vita, in: Trasumanar ..., a. a. O., S. 88
305 Uno dei tanti epiloghi, in: Trasumanar ..., a. a. O., S. 87
306 E. Siciliano, Vita di Pasolini. Mailand 1978, S. 353
307 La realtà, in: Poesia in forma di rosa, S. 33
308 Poeta delle Ceneri, a. a. O., S. 13
309 Diese und weitere Zitate in: Bellezza, Morte di Pasolini. Rom 1981
310 Zit. in: Siciliano, Pasolini, autoritratto con febbre, Corriere della Sera, 23. 5. 1978

Zeittafel

1922–1936	Pier Paolo Pasolini wird am 5. März 1922 in Bologna geboren. Sein Vater Carlo Alberto ist Berufsoffizier, er stammt aus einer alten Adelsfamilie in Ravenna. Seine Mutter Susanna Colussi ist Volksschullehrerin in ihrem friaulischen Heimatort Casarsa. Die Familie Pasolini muß wegen des Berufs des Vaters alle paar Jahre den Wohnort wechseln: Parma, Belluno, Cremona u. v. a. sind die Stationen der Kindheit Pasolinis. 1925 wird sein Bruder Guido geboren. Die unglückliche Ehe seiner Eltern bindet Pasolini schicksalhaft an seine Mutter. Das mütterliche Friaul, wo sie die langen Sommer verbringen, wird seine über alles geliebte Heimat.
1937–1942	Während der letzten Jahre auf dem Gymnasium lebt er wieder in Bologna, wo er auch sein Studium der Kunstgeschichte und Literatur beginnt. Seine kunsthistorische Doktorarbeit geht im Krieg verloren, und er promoviert 1945 über den Dichter Pascoli. Er arbeitet bei verschiedenen literarischen Zeitschriften mit, gründet selber eine; er ist Redakteur beim «Setaccio».
1942	In Bologna erscheint sein erster Gedichtband *Poesie a Casarsa* in friaulischem Dialekt.
1943	Sein Vater gerät in Afrika in Kriegsgefangenschaft. Pasolini zieht mit der Familie nach Casarsa. Hier, inmitten seiner mythischen Natur-Welt, verlebt er seine glücklichsten Jahre – und es sind produktive Jahre.
1944	Pasolini gründet die *Akademie der friaulischen Sprache,* und die erste Nummer ihres Organs *Stroligut* erscheint. Es geht ihm um die Begründung einer selbständigen friaulischen Literatur und Kultur, jenseits bloßer Volkstümlichkeit.
1945	Sein Bruder, der mit den Partisanen kämpft, wird von Tito-Anhängern umgebracht. Für den bei seiner Mutter gebliebenen Pasolini bleibt das ein unüberwindlicher Schmerz. – Pasolini und seine Mutter betreiben eine Privatschule, in der sie die Bauernjungen vor allem einen kreativen Umgang mit ihrer Sprache lehren.
1946–1949	Pasolini veröffentlicht weiterhin friaulische Lyrik, schreibt aber zunehmend auch Italienisch. Die kulturpolitische Arbeit in der «Akademie» geht weiter, und Pasolini beteiligt sich stärker am politischen Leben der Region. 1947 schreibt er sich, unter dem Eindruck der Landarbeiter-Kämpfe, in die Kommunistische Partei ein und wird Sektionssekretär. Er ist jetzt Lehrer an einer Staatsschule in einem Nachbarort. Diese glückliche Zeit – die leidenschaftliche politische

Arbeit, die über alles geliebte Dichtung, die große Liebe zum jungen Tonuti – wird abrupt beendet durch eine Anzeige wegen «obszöner Handlungen»: er verliert seine Stelle an der Schule, er wird aus der Partei ausgeschlossen, sein bisheriges Leben ist durch die bekanntgewordene Homosexualität zerstört. Im Winter 1949/50 flieht er, heimlich, mit seiner Mutter nach Rom.

1950–1954 Die ersten Jahre in Rom sind sehr schwer. Seine Mutter verdient etwas als Hausmädchen, Pasolini bringt ab und zu einen Artikel bei einer Zeitung unter, später arbeitet er beim Radio mit. Diese Schwierigkeiten behindern aber nicht seine künstlerische Produktivität und seine Vitalität: er entdeckt Rom, das aufregende Rom der Armenviertel und Vorstädte, für ihn eine Welt voller Sinnlichkeit und Freiheit. Neben tagebuchförmiger Lyrik schreibt er unter diesem Eindruck vor allem die Texte von *Alì Dagli Occhi Azzurri*. Eine Lehrerstelle in einer Privatschule verbessert seine materielle Lage kaum, aber er kann eine Wohnung mieten und seinen Vater nachkommen lassen. Er lernt die Schriftsteller Gadda, Penna und Bertolucci und den Vorstadtjungen Sergio Citti kennen. Neben literaturgeschichtlichen Arbeiten veröffentlicht er vor allem die friaulische Gedichtsammlung *La mèglio gioventù*. Als ihm der Verleger Garzanti für die Fertigstellung seines Romans *Ragazzi di vita* ein gutes Gehalt verspricht, verläßt er die Schule und wird freier Schriftsteller. Als weitere Einkommensquelle kommen jetzt die Drehbucharbeiten dazu, von denen er bis zu seiner eigenen Filmarbeit 1960 ein gutes Dutzend schreiben wird. Er zieht mit seinen Eltern in eine bessere Wohnung.

1955–1956 Es erscheint der Roman *Ragazzi di vita,* ein literarischer Erfolg und ein literarischer Fall: es beginnt die nicht enden wollende Serie von Prozessen gegen Pasolinis Arbeiten. Er gründet die Literaturzeitschrift *Officina* und beginnt die damit verbundene kulturpolitische Arbeit, er lernt die Schriftsteller Elsa Morante und Alberto Moravia kennen, es beginnt die Freundschaft mit Laura Betti.

1957 erscheint die Gedichtsammlung *Le ceneri di Gramsci,* für die er den «Premio Viareggio» erhält (nachdem er bis dahin schon ein Dutzend kleinerer Literaturpreise bekommen hatte).

1958 erscheint die Gedichtsammlung *L'usignolo della Chiesa Cattolica*. Sein Vater stirbt nach langem Leiden.

1959 Pasolini veröffentlicht seinen zweiten römischen Roman *La vita violenta*. Die erfolgreiche Zeitschrift *Officina* muß aus politischen Gründen eingestellt werden.

1960 erscheinen zwei Gedichtbände und die Essay-Sammlung *Passione e ideologia*. In der kommunistischen Zeitschrift «Vie Nuove» schreibt Pasolini eine wöchentliche Dialog-Rubrik, die er bis 1965 fortsetzen wird.

1961 beginnt er seine Filmarbeit als Autor und Regisseur. Sein erster Film *Accattone* sorgt auf dem Festival von Venedig für großes Aufsehen. Die Gedichtsammlung *La religione del mio tempo* erscheint. Mit Moravia und Elsa Morante reist er nach Indien; damit beginnt eine Serie von ausgedehnten Reisen in die Dritte Welt.

1962	Pasolini dreht *Mamma roma* und veröffentlicht den Roman *Il sogno di una cosa*.
1963	Neben *La rabbia* kommt der Film *La ricotta* heraus, der lange Prozesse und eine Verurteilung des Autors nach sich zieht. Die neoavantgardistische Gruppe 63 wird sein kulturpolitischer Gegner. Er schreibt *La divina mimesis*. Er zieht in das Nobel-Viertel Eur um.
1964	In Venedig ist *Il Vangelo secondo Matteo* – an dem er fast zwei Jahre gearbeitet hatte – ein großer Erfolg. Es erscheinen *Poesie in forma di rosa*. Mit dem Aufsatz *Nuove questioni linguistiche* beginnt seine Aufsehen erregende Kritik am kulturellen Niedergang Italiens.
1965	erscheinen *Alì dagli occhi azzurri* und *Poesie dimenticate*. In Pesaro hält er den ersten Vortrag über seine Kino-Theorie.
1966	Pasolini leitet mit Moravia die Zeitschrift «Nuovi Argomenti». Nach dem Durchbruch eines Magengeschwürs ist er längere Zeit ans Bett gefesselt; hier schreibt oder konzipiert er seine sechs Theaterstücke. Er dreht *Uccellacci e uccellini*. Der junge Hauptdarsteller Ninetto Davoli ist die zweite große Liebe in seinem Leben.
1976	dreht er die Filme *Edipo re* und *La terra vista dalla luna*.
1968	erscheint *teorema,* als Roman und als Film. Das Gedicht *IL PCI ai giovani!* eröffnet seine große Polemik mit der Studentenbewegung. Er beginnt eine neue wöchentliche Rubrik in der Zeitschrift «Tempo».
1969	Pasolini dreht *Porcile* und zwei weitere (kürzere) Filme.
1970	dreht er *Medea* und *Appunti per un' Orestiade africana* und schreibt mit seinem Freund Sergio Citti das Drehbuch zu dessen OSTIA. Freundschaft mit Maria Callas. Er erwirbt den *Turm von Chia,* der sein einsamer Zufluchtsort wird; hier beginnt er einen neuen großen Roman.
1971	veröffentlicht er seinen letzten Gedichtband *Trasumanar e organizzar* und dreht *Decameron*.
1972	erscheint die Essay-Sammlung *Empirismo eretico*. Er schreibt regelmäßige Literaturkritiken, die als *Descrizioni di descrizioni* erscheinen werden. Er dreht *I racconti di Canterbury* und unterstützt einen Film der außerparlamentarischen «Lotta continua».
1973	beginnt er seine leidenschaftliche Artikel-Serie in den größten italienischen Tageszeitungen, die ihn noch einmal in den Mittelpunkt der öffentlichen Polemiken stellt. Sie wird in den *Scritti corsari* und den *Lettere luterane* gesammelt.
1974	Er dreht *Il fiore di mille e una notte,* den dritten Film der *Trilogie des Lebens* – der er im selben Jahr resigniert abschwört.
1975	Es erscheinen *La nuova gioventù, Il padre selvaggio* und die *Scritti corsari*. Er dreht *Saló o le venti giornate di Sodoma*, der erst nach seinem Tod herauskommen wird – wie auch eine Reihe von unveröffentlichten Werken, die er in diesem Jahr für die Veröffentlichung vorbereitet hat. Am 2. November wird seine verstümmelte Leiche auf einem verlassenen Feld in der Nähe von Ostia gefunden. Ein Siebzehnjähriger wird für den Mord verurteilt, die wahren Tat-Umstände scheinen aber bis heute ungeklärt. Pasolini wird auf dem Friedhof von Casarsa begraben.

Zeugnisse

Alberto Asor Rosa

Pasolini verkörpert wesentlich die Figur des genialen Literaten; vielleicht des letzten großen Literaten der italienischen Tradition, mit den für diese typischen Charakteristiken und Mängeln: die Egozentrik, die übersteigerte Sensibilität, die technisch-stilistische Raffinesse, die ideologischen Ambitionen, die, obwohl sehr groß, nicht mit dem formalen Experiment mitwachsen, sondern ihm aufgesetzt, ja fast beigestellt sind.

Scrittori e popolo, Rom 1965[7], S. 448

Alberto Moravia

Pasolini gab uns eine politische Lyrik, die die ganze Intimität, die Subtilität, die Ambiguität und die Sinnlichkeit der Décadence hatte wie auch den idealen Elan der sozialistischen Utopie.

Der Dichter und das Subproletariat, in: Pier Paolo Pasolini,
Reihe Film 12, München 1977, S. 8

Enzo Siciliano

In seinem leidenschaftlichen Zugriff auf so viele Ausdrucksformen, vom Kino zur Dichtung, zum Journalismus, sehe ich den Wunsch nach einer unersetzbaren Anwesenheit, jenseits der Ausgrenzung, die die Homosexualität ihm aufgezwungen hat. Es war der Versuch, so scheint es mir, die Wunde seiner Geburt zu schließen.

«Panorama», 1. Oktober 1984

Peter Kammerer

Wenn Pasolini das «Volk» als geschichtsloses, animalisch-heiliges Glück sieht und nicht als Subjekt der Geschichte, als den Helden seiner Kämpfe, verhält er sich wie ein Kolonialherr, der das Glück der Eingeborenen mitgenießen will und über deren Kolonialisierung klagt.

Der Traum vom Volk, in: Pier Paolo Pasolini, Reihe Film 12, München
1977, S. 33

Attilio Bertolucci

Wir wissen, daß kein anderer mit mehr Leidenschaft gelebt und gehandelt hat in den Jahren unseres Lebens.

«Panorama», 1. Oktober 1984

ITALIEN

«Die große Masse ...

... der jedes Unterscheidungsvermögen fehlt, wird immer das ehren, was sie verachten sollte, und das lieben, wovor sie zurückschrecken müßte.»

Michelangelo Buonarroti

In künstlerischen Fragen mag das auch heute noch gelten; auf anderen Gebieten hat auch die sogenannte Masse schon lange zu unterscheiden gelernt – bei der Vermögensbildung zum Beispiel.

Luise Rinser
Gestern beim Abendessen bei den F.s, wurde sein Tod natürlich besprochen. Ich wollte nichts sagen, aber dann mußte ich doch reden, und ich
wurde heftig, alle wurden wir plötzlich heftig, an Pasolini scheiden sich
die Geister. Sie fielen über ihn her, Italiener und Schweizer. Er sei homo-
sexuell gewesen, ja, das toleriere man, aber daß er so viele Knaben ver-
führt hat, das sei schlechthin schändlich, und sein Hang zum Untergrund,
zu den Verbrechen ... Ich sagte: «Genau das haben die Pharisäer Jesus
auch vorgeworfen. Der hatte auch so einen Hang zu den Geächteten, den
Dirnen und Zöllnern.»
Tagebuchaufzeichnungen, in: Johannes Reiter (Hg.); Pier Paolo Pasolini,
Zeichnungen und Gemälde, Basel 1982, S. 51

Karsten Witte
Das Licht in Pasolinis Filmen ebnet ein. Es formt aus antiken Ruinen und
Neubauten, Vorstadttreppe und Ringstraße eine Gegenwart, in der die
Zeit einen Augenblick, einen Flügelschlag innehält.
«Die Zeit», 8. November 1985

Peter Schneider
Sofort bildete sich eine «rechte», eine «gemäßigte» und eine «linke» Version über Pasolinis Tod heraus, deren Anwälte sich alsbald in einem erbit-
terten Glaubenskrieg gegenüberstanden. Die «rechte» Version besagte,
daß Pelosi die Tat allein und spontan begangen habe. Die Anhänger der
«gemäßigten» Version redeten einer mafiosen Variante das Wort: Zuhäl-
ter, die den Schwulenstrich an der Piazza dei Cinquecento für heterosexuelle Kunden räumen wollten, hätten Pelosi als Lockvogel vorgeschickt,
um dem berühmten Kunden gemeinsam, in einer exemplarischen
Aktion, den Garaus zu machen. Sie hätten den minderjährigen Pelosi
erpreßt oder dafür bezahlt, die Tat auf sich zu nehmen. Die «linke» Version hält Pasolini für das Opfer eines politischen Komplotts, das von Faschisten ausgeführt, aber von den Geheimdiensten, Logen, konspirativen
Zirkeln der herrschenden Klasse von langer Hand vorbereitet worden sei.
In letzter Instanz sei es die italienische Gesellschaft selber, die ihren größten Dichter, den kommunistischen Häretiker und Homosexuellen Pasolini, umgebracht habe.
«Der Spiegel», 25. November 1985

Bibliographie

1. Bibliographien, Hilfsmittel, Filmographien

FERRETTI, G. C.: Letteratura e ideologia. Rom 1964, 1976²
MARTELLINI, I. (Hg.): Il dialogo, il potere, la morte. Bologna 1979
RINALDI, R.: Pier Paolo Pasolini. Mailand 1982
MANCINI, M., PERRELLA, G. (Hg.): Pier Paolo Pasolini, corpi e luoghi. Rom 1981
Pier Paolo Pasolini. Reihe Hanser: Reihe Film 12. München 1977

2. Pasolinis Veröffentlichungen in Buchform

a) Gedichte

Poesie a Casarsa. Bologna 1942 (Ed. Libreria Ant. Landi)
Diarii. Casarsa 1945 (Academiuta)
Poesie. San Vito a. T (Primon)
I pianti. Casarsa 1946 (Academiuta)
Dov'è la mia patria. Casarsa 1946 (Academiuta)
Tal cóur di un frut. Trecesimo 1953 (Ed. in Lingua Friulana)
Dal diario. Caltanisetta 1954 (Sciascia)
La meglio gioventù. Florenz 1954 (Sansoni)
Le ceneri di Gramsci. Mailänd 1957 (Garzanti)
L'usignolo della Chiesa Cattolica. Mailand 1958 (Longanesi)
Roma 1950. Mailand 1960 (All'insegna del pesce d'oro)
Sonetto primaverile. Mailand 1960 (All'insegna del pesce d'oro)
La religione del mio tempo. Mailand 1961 (Garzanti)
Poesia in forma di rosa. Mailand 1964 (Garzanti)
Poesie dimenticate. Udine 1965 (Società Filologica Friulana)
Poesie. Mailand 1970 (Garzanti)
Trasumanar e organizzar. Mailand 1971 (Garzanti)
La nuova gioventù. Turin 1975 (Einaudi)
Le poesie. Mailand 1975 (Garzanti)

b) Romane, Prosa

Ragazzi di vita. Mailand 1955 (Garzanti)
Una vita violenta. Mailand 1959 (Garzanti)
Donne di Roma. Rom 1960 (Il Saggigiatore)
Il sogno di una cosa. Mailand 1962 (Garzanti)

Alì dagli occhi azzurri. Mailand 1965 (Garzanti)
Teorema. Mailand 1968 (Garzanti)
La Divina Mimesis. Turin 1975 (Einaudi)
Amado mio. Mailand 1982 (Garzanti)

c) Theoretische Schriften, Kritik, Artikel

Poesia dialettale del novecento. Parma 1952 (Guanda)
Canzoniere italiano. Bologna 1955 (Guanda)
Passione e ideologia. Mailand 1960 (Garzanti)
Scrittori della realtà dal VIII al XIX secolo (zus. mit Bertolucci und Moravia).
    Mailand 1961 (Garzanti)
La poesia popolare italiana. Mailand 1960 (Garzanti)
L'odore dell'India. Mailand 1962 (Longanesi)
Ostia. Mailand 1970 (Garzanti)
Empirismo eretico. Mailand 1972 (Garzanti)
Scritti corsari. Mailand 1975 (Garanti)
Lettere luterane. Turin 1976 (Einaudi)
«Volgar'eloquio» (Hg.: Piromalli, Scarfoglio). Neapel 1976 (Athena)
Con Pier Paolo Pasolini (Hg.: Magrelli). Rom 1977 (Bulzoni)
Le belle bandiere. Rom 1978 (Editori Riuniti)
Il caos. Rom1979 (Editori Riuniti)
Il cinema in forma di poesia (Hg.: de Giusti). Pordenone 1979 (Ed. cinemazero)
Descrizioni di descrizioni (Hg.: Chiarcossi). Turin 1979 (Einaudi)
Pasolini e «Il Setaccio», 1942–43 (Hg.: M. Ricci). Bologna 1977 (Cappelli)

d) Theater, Drehbücher

Eschilo, Orestiade (Übersetzung). Urbino 1960 (Ed. Urbinate)
Il Vantone di Plauto. Mailand 1963 (Garzanti)
Calderón. Mailand 1973 (Garzanti)
I turcs tal Friúl. Udine 1976 (Ed. Forum Julii)
Affabulazione – Pilade. Mailand 1977 (Garzanti)
Porcile, Orgia, Bestia da stile. Mailand 1979 (Garzanti)
La commare secca (zus. mit Bertolucci). Mailand 1962 (Zibetti)
Ostia (zus. mit S. Citti). Mailand 1970 (Garzanti)
Il padre selvaggio. Turin 1975 (Einaudi)
San Paolo. Turin 1977 (Einaudi)

e) Verschiedenes

Giro a vuoto (Liedertexte). Mailand 1960 (All'insegna del pesce d'oro)
Potentissima Signora (Lieder und Dialoge für Laura Betti). Mailand 1965 (Garzanti)
Pasolini on Pasolini (Interviews; Hg.: O. Stack). London 1969 (Thames and Hudson)
I disegni 1941–1975 (Malerei und Graphik; Hg.: Zigaina). Mailand 1978 (Scheiwiller)
Lettere agli amici (1941–45) (Briefe). Mailand 1967 (Guanda)
Il sogno del centauro (Interviews; Hg.: Duflot). Rom 1983 (Ed. Riuniti)

f) Bücher zu realisierten Filmen

Accattone. Rom 1961 (Ed. F. M.)
Mamma Roma. Mailand 1962 (Longanesi)
Il Vangelo secondo Matteo. Mailand 1964 (Garzanti)
Uccellacci e uccellini. Mailand 1966 (Garzanti)
Edipo re. Mailand 1967 (Garzanti)
Teorema. Mailand 1968 (Garzanti)
Trilogia della vita (Hg.: G. Galli). Bologna 1975 (Cappelli)

3. Filmographie
(In Klammern der deutsche Verleihtitel)

Accattone (Accattone – Wer nie das Brot mit Tränen aß), 1961
Mamma Roma (Mamma Roma), 1962
La ricotta (Der Weichkäse), Episode aus dem Film Rogopag, 1962
La rabbia, 1963
Comizi d'amore (Gastmahl der Liebe), 1963
Sopraluoghi in Palestina, 1963/64
Il Vangelo secondo Matteo (Das erste Evangelium – Matthäus), 1974
Uccellacci e uccellini (Große Vögel – Kleine Vögel), 1965
La terra vista dalla luna (Die Erde vom Mond gesehen), Episode aus dem Film Le streghe, 1966
Che cosa sono le nuvole?, Episode aus dem Film Capriccio all'italiana, 1967
Edipo re (Edipo Re – Bett der Gewalt), 1967
Teorema (Teorema – Geometrie der Liebe), 1968
La sequenza del fiore di carta (Die Geschichte einer Papierblume), Episode aus dem Film Amore e rabbia, 1968
Appunti di viaggio per un film sull'India, 1968
Porcile (Der Schweinestall), 1969
Appunti per un Orestiade africana, 1969
Medea (Medea), 1969
Il Decameron (Decameron), 1970
Appunti per un romanzo dell'immondezza, 1970
I racconti di Canterbury (Pasolinis tolldreiste Geschichten), 1971
Dodici dicembre (zus. mit Lotta Continua), 1972
Il fiore di mille e una notte (Erotische Geschichten aus 1001 Nacht), 1973
Le mura di San'a, 1973
Salò o le 120 giornate di Sodoma (Die 120 Tage von Sodom), 1975

Als Drehbuch-Mitarbeiter (R = Regie)

La donna del fiume (Die Frau vom Fluß), R: M. Soldati, 1954
Il Prigioniero della montagna (Flucht in die Dolomiten), R: L. Trenker, 1955
Le notti di Cabiria (Die Nächte der Cabiria), R: Fellini, 1956
Marisa la civetta, R: M. Bolognini, 1957
Giovani mariti, R: M. Bolognini, 1958
La notte brava (Wir von der Straße), R: M. Bolognini, 1959
Morte di un amico (Und zu leicht befunden), R: F. Rossi, 1959

Il bell'Antonio (Bel Antonio), R: M. Bolognini, 1960
La canta delle marane, R: C. Mangini, 1960
La giornata balorda (Wenn das Leben lockt), R: M. Bolognini, 1960
La lunga notte del '43 (Die lange Nacht von '43), R: F. Vancini, 1960
Il carro armato dell'8 settembre, R: G. Puccini, 1960
La ragazza in vetrina (Mädchen im Schaufenster), R: L. Emmer, 1961
Stendalì, R: C. Mangini, 1960
La commare secca, R: B. Bertolucci, 1962
Ostia, R: S. Citti, 1970
Storie scellerate, R: S. Citti, 1973

4. Deutsche Übersetzungen

Vita Violenta, München 1963 (Berlin/DDR 1977; München 1983)
Der Traum von einer Sache, Berlin/DDR 1968 (München, Wien 1983)
Teorema oder Die nackten Füße, München 1969 (München 1980; Berlin/DDR 1983)
Affabulazione oder Der Königsmord, Frankfurt 1971 (1984)
Freibeuterschriften, Berlin 1978
Ketzererfahrungen, München 1979 (Frankfurt, Berlin, Wien 1982)
Briefe eines Abtrünnigen, Frankfurt 1980
Gramsci's Asche, München 1980
Chaos: gegen den Terror, Basel 1982
Unter freiem Himmel: ausgewählte Gedichte, Berlin 1982
Notizen zu einer afrikanischen Orestie, München 1982
Barbarische Erinnerungen, Berlin 1983
Lutherbriefe, Wien, Berlin 1983
Orgie. Der Schweinestall,Frankfurt 1984
Accattone, München 1984
Mamma Roma, München 1984
Amado mio. Zwei Romane über die Freundschaft, Berlin 1984

5. Sekundärliteratur

ACCROCCA, E. F. (Hg.): Ritratti su misura di scrittori italiani. Venedig 1960
ASOR ROSA, A.: Scrittori e popolo. Rom 1965
CAMON, F.: Il mestiere di poeta. Mailand 1965
ECO, U.: La struttura assente. Mailand 1968 (dt.: Einführung in die Semiotik. München 1972)
GARRONI, E.: Semiotica e estetica. Bari 1968
SICILIANO, E.: I contemporanei, Bd. III. Mailand 1968
PONZI, M.: Pier Paolo Pasolini. Rom 1986
ANZOINO, T.: Pier Paolo Pasolini. Florenz 1971
ARRECCO, S.: Pier Paolo Pasolini. Rom 1972
CAMON, F.: Il mestiere di scrittore. Mailand 1973
MANNINO, F.: Il «discorso» di Pasolini. Rom 1973
MARAINI, D.: E tu chi eri? Mailand 1973
LUZI, A., MARTINELLI, L.: Pier Paolo Pasolini. Urbino 1973
GERVAIS, M.: Pier Paolo Pasolini. Paris 1973

PETRAGLIA, S.: Pier Paolo Pasolini. Florenz 1974

MANNINO, V.: Invito a leggere Pasolini. Mailand 1974

MICCICHÈ, L.: Il cinema italiano degli anni sessanta. Venedig 1975

FERRETTI, G. C.: «Officina». Cultura, letteratura e politica negli anni cinquanta. Turin 1975

MUZZOLI, F.: Come leggere «Ragazzi di vita». Mailand 1975

AA. VV.: Omaggio a Pasolini, in Nuovi Argomenti, Januar–März 1976

FERRETTI, G. C.: L'universo orrendo. Rom 1976

ESTÈVE, M. (Hg.): Pier Paolo Pasolini I und II. Paris 1976, 1977

AA. VV.: Dedicato a Pasolini. Mailand 1976

DUFLOT, J.: Pier Paolo Pasolini. Paris 1976

AA. VV.: Pasolini in Friuli. Udine 1976

FERRERO, A.: Il cinema di Pier Paolo Pasolini. Venedig 1977

BORGHELLO, G. (Hg.): Interpretazioni di Pasolini. Rom 1977

FORTINI, F.: Poeti del Novecento. Bari 1977

FORTINI, F.: Questioni di froniera. Turin 1977

BETTI, L. (Hg.): Pasolini: cronaca giudiziaria, persecuzione, morte. Mailand 1977

SICILIANO, E.: Vita di Pasolini. Mailand 1978 (dt.: Pasolini. Leben und Werk. Weinheim 1980)

AA. VV.: Per conoscere Pasolini. Rom 1978

AA. VV.: Perchè Pasolini. Florenz 1978

BERTINI, A.: Teoria e tecnica del film in Pasolini. Rom 1979

PERRELLA, E.: Dittico: Pavese, Pasolini. Mailand 1979

AA. VV.: Per Pasolini. Mailand 1982

Namenregister

Danksagung

Für freundliche Unterstützung danke ich dem von Laura Betti geleiteten «Fondo Pier Paolo Pasolini», Rom. Der Fondo Pasolini genehmigte den Abdruck der biographischen Fotos aus seiner Sammlung.

Ein besonderer Dank geht an Graziella Chiarcossi, die mir die Foto-Alben der Familie Pasolini zur Verfügung stellte und die Wiedergabe vieler Fotos genehmigte.

Für die Filmbilder danke ich Giancarlo Renzetti.

Die Fotos zum *Matthäus-Evangelium* und zu *Teorema* sind von Angelo Novi; die Fotos zu *Medea* sind von Mario Tursi, die zu *Salò* von Deborah Beer

Die Fotos im IV. Kapitel: Pasolini an der Schreibmaschine und Pasolini auf dem Fußboden malend sind von Dino Pedriali

Über den Autor

Otto Schweitzer ist 1950 in Latsch (Bozen) geboren. Er studierte Soziologie in Wien, Marburg, Frankfurt, lebt in Frankfurt. Mitarbeit in verschiedenen sozialwissenschaftlichen Projekten. Veröffentlichungen in Büchern und Zeitschriften zu Problemen der Gastarbeiter und der Emigration (u. a. zusammen mit Donata Elschenbroich «Die Heimat des Nachbarn»). Viedeofilme für Museen.

Quellennachweis der Abbildungen

Archiv für Kunst und Geschichte, Berlin: 20, 21, 76 u.
Piero Gobetti, Turin: 26
Foto Angelo Pennoni: 68, 69
Historia Photo, Hamburg: 76 o. r.
Privatsammlung Hamburg: 76 o. l., 77, 87, 88
Rowohlt Archiv: 78
Angelo Novi: 82, 83, 84/85
Mario Tursi: 104
Angelo Pennoni: 119
Deborah Beer: 124
Dino Pedriali: 131
Keystone: 53

Autor und Verlag danken dem von Laura Betti geleiteten «Fondo Pier Paolo Pasolini», Rom. Der Fondo Pasolini genehmigte den Abdruck der biographischen Fotos aus seiner Sammlung.
Ein besonderer Dank geht an Graziella Chiarcossi, die die Foto-Alben der Familie Pasolini zur Verfügung stellte und die Wiedergabe vieler Fotos genehmigte.
Für die Filmbilder danken wir Giancarlo Renzetti.

rowohlts bildmonographien

**Thema
Theater,
Film**

bildmono
ro
ro
ro
graphien

C 2056/6a